De m

Van Philip Freriks verscheen eveneens bij Conserve

Ik herinner me...

Philip Freriks

De meridiaan van Parijs

Een fascinerende zoektocht door de Franse hoofdstad

UITGEVERIJ CONSERVE

CIP-gegevens Koninklijke Bibliotheek, Den Haag

Freriks, Philip

Philip Freriks – *De meridiaan van Parijs – Een fascinerende zoektocht door de Franse hoofdstad*
Schoorl : Conserve
ISBN 90 5429 167 2
NUR 321

Trefw. Wandeling door Parijs

Inhoud

Bij de derde, geactualiseerde druk

Sinds de verschijning van de eerste druk in 1995 onder de titel *Het spoor van de monumentale meridiaan, een 'petite histoire' van Parijs,* heb ik veel brieven ontvangen van lezers. Vaak met loftuitingen, ook met op- en aanmerkingen. Maar altijd deden ze met enthousiasme verslag van hun ervaringen op de Arago-Dibbets-route ofwel *De meridiaan van Parijs*. Ze leverden er vaak foto's bij als bewijs voor hun prestatie, zoals bergbeklimmers zich op de Mount Everest laten vereeuwigen. Een dominee profiteerde zelfs van een preekbeurt voor de Nederlandse gemeente in Parijs om het spoor te volgen. Ik dank de briefschrijvers voor de moeite die ze hebben genomen en heb hun reacties steeds beschouwd als een reden om het er niet bij te laten zitten.
We zijn nu bijna tien jaar verder en nog steeds word ik op de hoogte gehouden door weer andere wandelaars. Vaak ook met de vraag of het boek nog leverbaar is. Dat was al geruime tijd niet meer het geval. Kees de Bakker van Uitgeverij Conserve en ik hebben elkaar gevonden om een nieuwe versie uit te brengen. Een derde druk met zoveel veranderingen en toevoegingen dat gesproken kan worden van een nieuw boek. Daarom ook een nieuwe titel met de kracht van de eenvoud:

De meridiaan van Parijs
Een fascinerende zoektocht door de Franse hoofdstad

Voor deze nieuwe versie ben ik de route weer helemaal afgegaan. Vanwege de tijdsdruk deels in de stromende regen, wadend door de modder zelfs, Franse krachttermen gebruikend vanwege de uitlopende inkt. Allengs had ik geen droge draad meer aan het lijf en kon enig zelfmedelijden niet onderdrukken. Ik moest aan Kniertje denken en dat in dit geval de woorden duur werden betaald. Wie zei dat ook alweer: schrijven is afzien?

Er viel veel te corrigeren, want Parijs gaat op zijn zachtst gezegd slordig om met de tot monument verheven meridiaan. Ik kom daar later op terug. In de loop der tijd is er bovendien nog al wat veranderd. François Mitterrand was in de eerste en tweede druk nog president en Jacques Chirac burgemeester van Parijs. Er is in de tussentijd een schandaaltje geweest, toen een beroemde Franse architect met het idee van Dibbets aan de haal ging. Die elementen als ook andere wetenswaardigheden en zelfs een paar hoofdstukken over jazz in St. Germain en over het zogenoemde *kleurenblinde* Parijs, heb ik toegevoegd.
Voor de goede orde, de wandeling gaat van zuid naar noord. Als ik het dus over links of rechts heb, sta ik met de rug naar het zuiden en de neus naar het noorden. En neem een helder stratenplan van Parijs mee. Groot formaat het liefst. Bijvoorbeeld de *Atlas Paris* van Michelin.

De meridiaan van Parijs

Dit is een boek met een wandelroute die niet als zodanig is bedoeld. Het traject is een kunstwerk, een monument dat bestaat uit 135 bronzen plaatjes, die zo discreet in het Parijse macadam zijn gevoegd dat het zoeken is naar een speld in een hooiberg. Zo wilde de ontwerper, de Nederlandse kunstenaar Jan Dibbets, dat: een monument dat passanten hoogstens *en passant* ontdekken waardoor het uiteindelijk een intrigerende obsessie wordt.
Het idee is gebaseerd op het virtuele bestaan van de Parijse meridiaan. Toch is er geen sprake van zinsbegoocheling. Het monument is er, ik heb het met eigen ogen gezien, betast, betreden en ten slotte beschreven. Als een verkenningstocht langs een even strakke als onvoorspelbare en daardoor welhaast geheimzinnige route. Voor het gevoel kloppen de rechte lijn van de lengtecirkel en het grillige stratenplan zelden met elkaar. Het lijkt wel koorddansen van een beginneling. Alsof er een draad gespannen is boven de voornaamste symbolen van de Franse natie. Over gebouwen en plekken die een zo belangrijke rol spelen in het collectieve geheugen dat historici er niet zo lang geleden een mooie omschrijving voor hebben bedacht: *lieux de mémoire*, plaatsen van herinnering.
De ligging van de 135 medaillons was onbekend, want hoewel er een dichtbundel en een mooi impressionistisch boek aan werden gewijd, nam niemand de moeite om te gaan spoorzoeken. Dat werd zelfs als te triviaal, het kunstwerk onwaardig beschouwd. Nog steeds weten weinig passanten van het kunstwerk af. U beschikt nu dan ook over een uniek document, een dwarsdoorsnede van de Lichtstad die de Parijzenaars zelf vooralsnog ontberen. En wat mij persoonlijk betreft: ik houd van die stad, maar ik ben niet bezitterig. Ik wil mijn liefde graag delen. Vandaar. *A vos chaussùres!*

Jan Dibbets en de denkbeeldige lijn

Jan Dibbets (1941) is ook in Frankrijk een beroemde kunstenaar en Fransen weten hoe je met een kunstenaar dient om te gaan. Van Jack Lang, toen nog burgemeester van Blois en tot 1993 minister van Cultuur, heraut van het *Mitterrandisme*, kreeg hij de eervolle opdracht om gebrandschilderde ramen te ontwerpen voor de kathedraal van zijn Loirestadje waar de adorabele hofintrigante Marie de Médicis zich ooit teruggetrokken had. Voor de presentatie ter plekke werd de kunstenaar met een ministeriële limousine uit Parijs opgehaald en ik mocht mee. Dibbets vertelde me toen van een heel ander project. Hij had van de stad Parijs de opdracht gekregen om een standbeeld te ontwerpen voor François Arago (1786-1853), astronoom, grensverleggend wetenschapper, humanist, politicus en staatshoofd, al was dat laatste slechts voor een blauwe maandag.

Dibbets had al jaren iets met denkbeeldige lijnen die hij wilde markeren. Zoals Christo bouwwerken inpakt. Overigens houdt de vergelijking daar meteen op, omdat de kunst van Dibbets van een heel andere aard is. Het monument voor Arago moest in elk geval geen tijdelijk karakter hebben. De gemeente Parijs verzocht een viertal internationaal bekende kunstenaars om een ontwerp te maken. Dat van Dibbets werd uitverkoren.

Omdat Arago niet alleen astronoom was, maar ook als landmeter een deel van de over Frankrijk en de Middellandse Zee lopende lengtecirkel van Duinkerken naar Barcelona in kaart had gebracht, nam Jan Dibbets die meridiaan als uitgangspunt. We hebben het hier niet over *zo maar* een aardrijkskundige lijn maar over de nulmeridiaan; het ijkpunt van onze universele tijd, het PMT met de p van Parijs, bepaald door wat *de meridiaan van Parijs* werd genoemd. Totdat die prestigieuze nul in 1884 door de Britten werd afgepakt om er met Greenwich GMT van te maken. Volg Kuifje in het hoofdstuk *De meridiaan van François Arago*. Maar voor Arago gold nog de nulmeridiaan. Kortom, precies op het Parijse deel van de lengtecirkel, dwars door de stad, van zuid naar noord over een hemelsbrede afstand van twaalf kilometer, zouden er 135 bronzen medaillons met de simpele inscriptie ARAGO worden geplaatst. Zo maar in het asfalt, op straat, in parken, op stoepen of onder de poort van een onverwachte doorgang. 'In 1968 heb ik een lijstje gemaakt van denkbeeldige lijnen die ik ooit wilde afbakenen. Dit is de eerste keer dat het me lukt,' zei Dibbets in de auto en het klonk alsof hij een tikkeltje opgewonden was.

Wanneer denkbeeldige lijnen gemarkeerd worden, ontstaat de wat vreemde, dwingende behoefte om deze sporen te volgen. Het leven van een beroemde artiest 'revisited' fascineert, net als het nareizen van een expeditie, het nalopen van een uit andere tijden daterend reisverslag of het volgen van de route langs een voormalige frontlijn. Misschien willen we ons zelf verrassen, ons zonder al te veel risico een avontuur gunnen, willen we griezelen in het spookhuis van de geschiedenis, ons spiegelen aan de emoties van hen die de route van hun gevoel volgden. Want de padvinder in ons blijft een romanticus. Ook Dibbets is wat dat betreft niets menselijks vreemd: 'Hoe mathematischer een punt of een lijn, hoe groter het verlangen om er op te gaan staan.'

Mijn idee.

Toen het project in het najaar van 1994 was verwezenlijkt, toen de afdeling Openbare Werken van de stad Parijs de ronde bronzen plaatjes in het macadam had verzonken, werd ook ik bevangen door die merkwaardige dwangneurose van de denkbeeldige lijn. Er ontstond een onbedwingbare behoefte om het kunstwerk van Dibbets na te lopen. Hij had me op het spoor gezet, lekker gemaakt en nieuwsgierig bij het verlangende af. Eigen schuld.

Ik bezondigde me aan piraterij (wat Arago in zijn tijd bijna het leven kostte, maar daarover later) door zijn idee als het ware te ontvoeren. Het standbeeld voor een, o zeker, zeer verdienstelijk individu, bleek al wandelend een algemene lofzang op Parijs te zijn: een monument voor een niet te verwaarlozen onderdeel van de wereldhistorie, een verrassende wandeling, kriskras, zonder chronologische volgorde, door de geschiedenis van de Lichtstad. Het toeval wil dat de meridiaan, en dus het kunstwerk van Jan Dibbets, langs plaatsen of door gebouwen voert die elk een momentum zijn in de Franse geschiedenis. Het spoor leidt langs het theehuis waar Mata Hari met haar Friese verleidingskunsten internationale faam en een ereplaats voor het executiepeloton verwierf. De route gaat naar het parkje bij de sterrenwacht waar de toen nog jonge politicus François Mitterrand, naar men zegt, ooit een aanslag op zichzelf ensceneerde in de hoop op politiek gewin. Van het Palais du Luxembourg als vijfsterrengevangenis voor de Franse adel tijdens het Schrikbewind (1773-1795) tot het Louvre, waar Lodewijk XIII ooit in de gangen van de Grote Galerie op vossenjacht ging, van het Institut als trefpunt van het wetenschappelijke en culturele establishment tot de Comédie-Française waar volgens dezelfde traditie het officiële 'repertoire' van Molière, Corneille en Racine in eeuwige prolongatie wordt gespeeld. De lengtecirkel loopt langs de stamkroeg van de surrealisten, precies over de plek waar Napoleons maarschalk Ney werd gefusilleerd, om uit te komen in La Nouvelle Athènes, de wijk waar George Sand en Frédéric Chopin samenwoonden, met illustere buren als de gebroeders De Goncourt, Baudelaire en de Nederlandse schilder Ary Scheffer. De lijn raakt bijna de Passage Choiseuil die Louis-Ferdinand Céline in *Mort à Crédit* (*Dood op krediet*) zo aangrijpend beschreven heeft en passeert de top van de Butte Montmartre, aan de voet waarvan Pigalle ondanks zichtbare rimpels en verslappingen nog altijd de 'o-la-la'-Parisienne speelt. En omdat Arago toevallig zelf ook het een en ander achter de rug heeft, blijven we ondanks dat alles mooi bij het onderwerp.

Of er naast de geografische lijn ook nog lijn te ontdekken is in de aldus nogal willekeurig geresumeerde geschiedenis, is een vraag waarop ik het antwoord graag overlaat aan de bevoegde historici. De meridiaan biedt in elk geval voldoende dramatische stof om het oeuvre van Shakespeare te evenaren en is in die zin op zichzelf al een *lieu de mémoire*. Het Louvre, dat door de meridiaan precies doormidden gesneden wordt, levert al heel veel op. De historie van het gebouw, van z'n debuut als fort tot aan de miljarden verslindende renovatie van de laatste decennia, loopt al duizend jaar parallel met de Franse geschiedenis. Sterker nog, het gebouw ís zelf vaak de Franse geschiedenis of in elk geval de plaats, je zou bijna zeggen de ruimte, waar die zich afspeelt. Verder is het een lijn door het Parijs in al zijn uitersten, zijn genie en zijn wreedheid, zijn generositeit en zijn totalitarisme, zijn machtsstreven en geloof in humanisme. Het is een spoor van grandeur, pathos, prestige en kleine Parijse geschiedenis waarbij ik even in het midden laat of Parijs in weerwil van wat men wel beweert niet gewoon Frankrijk is. Wat opvalt, is dat er langs deze weg zo veel bloed is gevloeid en dat de zwakte des vlezes zo vaak in het geding is geweest. Fransen zijn dus mensen, intens levend vaak. Dat het geweten en de ambitie in de paleizen van weleer en de republiek van nu zo vaak botsen, ligt voor de hand. Fransen zijn ook specialisten in koningsdrama's. Dat alles maakt de meridiaan zo Shakespeariaans, dat maakt het idee van Dibbets zo uitdagend.

Mijn wandelplan had overigens nogal wat voeten in de aarde. Om precies te weten waar ik de medaillons kon vinden, had ik de hulp nodig van degenen die bij de plaatsing betrokken waren geweest. Stéphane Carrayrou, hoofd van de afdeling Beeldende Kunst van de gemeente Parijs, vond de belangstelling leuk maar vreesde dat een 'Arago-route' langs de meridiaan het kunstwerk van Jan Dibbets tekortdeed. 'Dan zouden verbeelding en werkelijkheid kunnen botsen,' zei hij zonder dat ik begreep wat het probleem daarvan zou kunnen zijn. De kunstenaar zelf moest er wel om lachen. Het leek mij een verrassend voorbeeld van toegepaste kunst. Carrayrou ging uiteindelijk door de knieën en zijn assistente Christine Ogier ging met me mee. Uit medelijden. Want ik zou die dingen nooit alleen kunnen vinden, zei ze. Daarmee had ze niets te veel gezegd. We gingen op stap met 135 flapperende witte vellen waarop de gemeentelijke landmeters elk medaillon op schaal getekend hadden. Want denk niet dat Dibbets' ontwerp een beetje met de Franse slag werd uitgevoerd, om het maar eens stereotiep uit te drukken. Verreweg het grootste deel van de kosten ging naar de geometrische dienst van Parijs, naar de landmeters. Elke plek werd tot op de millimeter nauwkeurig berekend. Arago zou het precisiewerk met trots hebben gadegeslagen. Men kwam er bij deze gelegenheid achter dat het uit 1806 daterende richtpunt aan de zuidkant van Parijs, de zogenoemde Mire du Sud, veertig meter uit het lood stond. Het kunstwerk van Jan Dibbets bleek ook toegepaste wetenschap te zijn.

En daar gingen we. We trokken soms nogal wat bekijks als we met onze witte flappen van plaatje naar plaatje gingen, met de blik naar beneden gericht alsof een obsessionele angst voor hondenpoep ons preoccupeerde, speurend naar brons onder hopen herfstbladeren. Soms keerden we weer op onze schreden terug. Mensen informeerden een enkele keer naar wat we deden en schudden hun hoofd als we zeiden dat we op zoek waren naar onderdeel nummer zoveel van het Arago-monument. Je zag ze denken dat we getikt waren of dat we kennelijk niet het achterste van onze tong lieten zien. Agenten op zoek naar een ondoorgrondelijk geheim. Christine Ogier had twee uur uitgetrokken voor de wandeling, maar we waren alles bij elkaar twee dagen onderweg; weet wat u te wachten staat. Christine had Parijs nog nooit zo spannend gevonden; ik was het met haar eens. Dat zijn ervaringen die veel lezers getuige hun brieven herkennen. Vaak worden ze onderweg aangesproken door mensen die nieuwsgierig vragen naar wat ze zoeken. Of als ze ondertussen op de hoogte zijn het volgende plaatje aanwijzen. Het is ook mij overkomen met de toevoeging *Vous êtes hollandais sans doute* alsof Nederlanders allen behept zijn met één en dezelfde manische afwijking.

Plagiaat, gelijkheid, broederschap

Het navrante voor Jan Dibbets is dat *zijn* meridiaan pas wereldberoemd in Frankrijk werd toen iemand anders er mee aan de haal ging. De befaamde architect Paul Chemetov had zich tijdens de voorbereidingen voor de viering van het millennium van 2000 bij het organisatiecomité gemeld met een briljant idee. Het werd dan ook met enthousiasme ontvangen. Hij stelde voor om de voormalige nulmeridiaan van Duinkerken tot de Spaanse grens van merktekens te voorzien. Om er een herkenbaar monument van te maken. Ter versterking van de burgerzin. Ter ere van een vaag iets dat zo mooi *identiteit* wordt genoemd. De Franse identiteit in dit geval uiteraard. Niet met plaatjes maar met nieuw te planten bomen. En zo doopte hij de nulmeridiaan, die z'n nul allang verloren had, om tot *La méridienne verte, De groene meridiaan.*

Een bomenrij als de ruggengraat van Frankrijk. In vrijheid, gelijkheid en broederschap.

Op 14 juli 2000 zou er langs die groene lijn op meer dan 330 plaatsen een picknick worden georganiseerd voor wie er maar aan wilde meedoen. Dat bleken er ondanks het matige weer vele tienduizenden te zijn. De media raakten er niet over uitgesproken. Het idee van Chemetov werd alom bejubeld. Overal in Frankrijk, en zo ook op de Arago-Dibbetsroute, werden niet alleen bomen geplant maar ook één meter hoge zuiltjes opgericht met het opschrift *La méridienne verte 2000*. De vergeten meridiaan werd gekoesterd als een nieuwe ontdekking, als wegwijzer naar het echte, diepe Frankrijk. Het mythische *La France profonde*. Het dagblad *Le Monde* trok langs de lijn van dorp tot dorp voor een lange serie dieptereportages. Het idee werd door buitenlandse kranten overgenomen. Een Amerikaanse historicus (Ken Alder) fietste zelfs de meridiaan af en schreef er een boek over. Via de groene lijn werd de Franse ziel geproefd.

Het is begrijpelijk dat Jan Dibbets de pest in had. Niet alleen omdat Chemetov met zijn idee aan de haal ging, maar vooral ook omdat de architect niet eens de elegantie had om op z'n minst naar de Nederlandse kunstenaar te verwijzen. Daarbij kwam nog dat de voorzitter van het Franse millenniumcomité, de tegenwoordige minister van Cultuur Jean-Jacques Aillagon, zeer nauw betrokken was bij de uitvoering van Dibbets' monument voor Arago als toenmalig directeur culturele zaken van de stad Parijs.

Rudi Fuchs, directeur van het Stedelijk Museum en vriend van Jan Dibbets, alarmeerde enkele Franse collega's met een keurig tekstje. *Dezer dagen,* zo schreef hij begin juli 2000, *zal in Frankrijk een opmerkelijk werk van geografische verbeelding worden geïnaugureerd,* La méridienne verte. *In conceptie doet dit project sterk denken aan de discrete maar tegelijk monumentale markering van de weg, door Parijs, van de O-meridiaan ontworpen door de Nederlandse kunstenaar Jan Dibbets – in opdracht van de Délégation des Arts Plastiques – en uitgevoerd in 1994 ter ere van François Arago. Dit werk past volledig in het oeuvre van Dibbets die zich al eind jaren zestig bezighield met denkbeeldige geografische lijnen. Natuurlijk behoren meridianen iedereen toe en de Arago-meridiaan van Dibbets is een publiek kunstwerk dat iedereen kan en mag inspireren. Nochtans ware het elegant geweest als de bedenker van* La méridienne verte *in de publiciteit rond zijn project melding had gemaakt van het voorbeeldige kunstwerk van Jan Dibbets.*

Al spoedig werd in Franse kranten licht retorisch de vraag geopperd of er misschien sprake was geweest van plagiaat. Een onbekende auteur onder het pseudoniem *Paysan de Paris (Boer in Parijs,* naar de gelijknamige stadsroman van Louis Aragon uit 1926*)* liet via het Musée d'Art Moderne van de Stad Parijs weten dat *het gejatte idee het stempel droeg van de meest vette, door Franse eigendunk doordesemde vulgariteit.* Aillagon liet Dibbets per brief weten *na-*

vré te zijn, het speet hem allemaal zeer, maar Dibbets moest dit toch vooral niet zien als jatwerk maar als een genereus idee ter versterking van de burgerzin. Chemetov zelf klom ook in de pen en liet het dagblad *Libération* weten dat het er om ging te *spreken over grondgebied, eenheid van de natie en de burgers*. Laatstgenoemden hadden als vrijwilligers de bomen geplant en dus *is het project niet meer van ons. Het is rechtenvrij. Niet verzamelbaar. Kan niet tentoongesteld worden in dure galerieën. Er kan niet mee worden gespeculeerd. Dus gaat het hier niet om het oeuvre van één man, maar om een gezamenlijk project, in broederschap verwezenlijkt, besprenkeld met de wijn van de picknick en de regen uit de hemel.*

Zo werd op nogal suggestieve manier met Dibbets afgerekend. En dat was het dan. Frankrijk vond die landelijke picknick prachtig en onthield maar één ding: dat die meridiaan een Frans ding is. Van alle Fransen. Leve de gelijkheid, vive la république en verder niet zeuren.

Hommage à François Arago

Er was ooit een echt standbeeld van Arago. Het dateerde van 1893 en stond op een pleintje langs de naar hem vernoemde boulevard in het veertiende arrondissement. Met zijn gezicht naar de tuinpoort van het Observatoire, de sterrenwacht, dat op een heuveltje staat met de wel zeer toepasselijke naam *Le Grand Regard*, de wijde blik. Of dat doorslaggevend is geweest toen Jean-Baptiste Colbert het in 1667 als de eerste minister aankocht namens Lodewijk XIV, kan worden betwijfeld. De uiteindelijke keuze van een plek voor de sterrenwacht met een wijde blik had meer met de ligging van diverse kloosters te maken. Maar het toeval is aardig. Natuurlijk was het toenmalige standbeeld van Arago een kunstwerk zoals men dat in de vorige eeuw maakte, academisch martiaal, goed gelijkend, meer dan manshoog, een grote zoon der natie waardig.

Tussen 1942 en het einde van de oorlog overkwam deze Arago hetzelfde als veel andere bronzen beelden in de Franse hoofdstad: hij werd door de Duitsers omgesmolten tot iets dat niet meer te achterhalen is. Zijn sokkel bleef staan en staat er nog altijd. Vandaar de roep van een heus Comité Arago met gepensioneerde astronomen en aanverwante wetenschappers om de grote man in zijn oorspronkelijk brons te doen herleven. Maar er was niemand die nog de mal van het oerexemplaar kon vinden.

De afdeling Beeldende Kunst van de gemeente Parijs kreeg een ingeving bij de viering van zijn tweehonderdste geboortejaar. Er zou een monument moeten komen dat brak met de traditie van het monumentale standbeeld. Het zou een antwoord moeten verschaffen op de vraag hoe je aan het einde van de twintigste eeuw een dergelijk gedenkteken maakt, aldus Stéphane Carrayrou.

Vier bekende kunstenaars kregen het verzoek een plan in te dienen. Dat van Jan Dibbets werd gekozen, juist omdat het

een niet-monumentaal karakter had. Hij kreeg steun van ieder die meetelt in Frankrijk op het gebied van de beeldende kunst, in het bijzonder van François Barré, destijds directeur van het Centre Pompidou, en van Michel Laclotte, de toenmalige directeur van het Louvre. De steun van Laclotte was mooi meegenomen, want volgens het ontwerp zouden er ook een paar medaillons in de zalen van het grootste museum ter wereld moeten komen.
Zelfs de gemeente en het ministerie van Cultuur – politiek nog zo tegengesteld – waren het voor één keer eens. Ook dat zou nuttig blijken te zijn want bij Openbare Werken moesten ze niets van het plan weten. Wat? Bronzen plaatjes in ons dure asfalt? Wie draait op voor de schade en het onderhoud? Het werd veel te lastig gevonden om bij werken aan de openbare weg rekening te moeten houden met de medaillons. In de Franse hoofdstad worden de straten gemiddeld eens in de drie jaar opengebroken. Het puin wordt meteen geruimd. Of daar dan bronzen Arago-plaatjes bij zitten, wordt niet nagegaan en het werd ook weinig realistisch geacht om te denken dat zoiets te organiseren valt. Dat blijkt ook wel, want veel plaatjes zijn in de loop der tijd verdwenen, ook al had de afdeling Culturele Zaken haar voorzorgsmaatregelen genomen door vast driehonderd medaillons vooruit te laten maken. Om eventueel zoekgeraakte exemplaren te kunnen vervangen. Vanwege deze tegenwerking liggen de meeste plaatjes trouwens niet in de openbare weg, maar op particulier terrein (van universiteiten, ministeries en musea) of in parken die weer onder een andere dienst dan die van Openbare Werken vallen.

Jan Dibbets ging uit van het lege voetstuk aan boulevard Arago als centrum van de hommage. De sokkel stond al precies op de meridiaan. Vanaf daar plaatste hij de medaillons naar het zuiden en noorden. De Parijzenaars zouden zich na enige tijd wel beginnen af te vragen wat de betekenis van die bronzen rondjes kon zijn, schreef de kunstenaar in zijn presentatie: 'Dan worden ze zich bewust van de denkbeeldige lengtecirkel en ten slotte – althans de meest nieuwsgierigen onder hen – van de geestelijke erfenis die François Arago hun nagelaten heeft.' Mooi geformuleerd, maar de eerlijkheid gebiedt te zeggen dat ik tot nu toe van een Arago-effect weinig heb gemerkt. Mogelijk gaat het in de voorkomende gevallen om een puur cerebrale belevenis. Winkeliers en vooral galeriehouders met een plaatje vlak voor de deur voelen zich zeker bevoorrecht dat zij welhaast in fysieke concreto op die beroemde meridiaan zijn geplaatst. Dat geeft een mooi gevoel, maar is niet van invloed op de omzet. Op wandelschoenen en met deze routebeschrijving van uw onderdanige dienaar onder de arm werkt de door Dibbets gewenste bewustwording niet veel beter, ook al zijn er Parijzenaars die het opvalt dat Nederlanders tegenwoordig op een bizarre wijze door de stad sluipen.

Sterrenwacht en struikrovers

François Arago (1786-1853) was een avontuurlijke wetenschapper, die het in 1848 nog even tot staatshoofd bracht en in die kwaliteit de slavernij in de Franse koloniën heeft afgeschaft. Iemand met een brede belangstelling, een humanist, een begenadigde docent naar men zegt, een uitvinder, maar ook een echte notabele van zijn tijd, decennia lang kamerlid, navigerend tussen diverse opeenvolgende regimes. Een nette burger met een heilig geloof in het belang van wetenschappelijk onderzoek voor de vooruitgang en de stimulerende rol daarin van de staat. Frans zoals je alleen maar Frans kunt zijn, in de goede zin van het woord overigens. Even was hij een held maar zo wordt hij ondanks zijn standbeeld al lang niet meer herinnerd.

Arago was in de eerste plaats *polytechnicien,* ingenieur. Dat betekende dat hij de polytechnische school had doorlopen, een militaire hogere beroepsopleiding om zo te zeggen, die in 1794 werd opgericht en nog altijd bestaat. *Polytechnique* zoals de school kortweg wordt genoemd, leidt op tot civiel en militair ingenieur. Het instituut is een van die *Grandes Ecoles* waar de Franse elite wordt gevormd. De op staatskosten opgeleide polytechnicus is verplicht zijn talenten en kennis vervolgens in dienst van het algemeen belang, de overheid dus, te stellen. De eerste jaren als verse polytechnicien in dienst van de staat leidt Arago een avontuurlijk leven als in een roman van Dumas.

Als docent sterrenkunde en later directeur van het machtige *Bureau des Longitudes*, kantoor der lengtecirkels, woonde Arago een groot deel van zijn leven in de Parijse sterrenwacht die precies op de meridiaan was gebouwd. Die Parijse lengtecirkel heeft zijn glorierijke verleden als nulmeridiaan, aan de hand waarvan alle posities en plaatsen ter wereld bepaald kunnen worden. Meridianen zijn lange lijnen die in halve cirkels over de aardbol getrokken zijn van de noordpool tot de zuidpool, alles natuurlijk nauwkeurig gemeten en allemaal staan ze loodrecht op de evenaar. Toen de Britten definitief de bevestiging hadden van hun *Britannia rules the waves* werd de nulmeridiaan voor Parijs te veel 'eer'. Engeland zou voortaan de wereldtijd bepalen. Het universele tijdijkpunt loopt niet zo mooi door het centrum van de hoofdstad, maar toch, hij is Engels. Sinds 1884 loopt de nulmeridiaan over de sterrenwacht van Greenwich (Londen).

In *De schat van Scharlaken Rackham* wist Kuifje zich net op tijd te herinneren dat het niet altijd Greenwich is geweest dat de maat aangaf. Met kapitein Haddock, afstammeling van ridder François Hadoque, die de piraat Scharlaken Rackham ooit in een tweegevecht doodde, gaat hij op zoek naar het schip *De Eenhoorn* waarmee Rackham een schat vervoerde en dat in de zeventiende eeuw verging. Het tweetal kent de plek waar het schip gezonken is. Het wrak ligt bij een eiland dat op geen enkele kaart staat. De met de sextant berekende ligging van het schateiland blijkt niet te kloppen totdat Kuifje op bladzijde 23 uitroept:

'Kapitein, we zijn ezels!'

'Hoe bedoelt U?'

'Wel, kapitein, U hebt de lengtegraad natuurlijk volgens de meridiaan van Greenwich berekend?

'Natuurlijk, niet naar die van Timboektoe!

'Wacht even! Ridder Hadoque echter, berekende vast en zeker volgens de meridiaan van Parijs, en deze ligt meer dan twee graden ten oosten van die van Greenwich!'

'Duizend bommen! U hebt gelijk! Dat we daaraan niet eerder dachten! We zijn dus te ver naar het westen! We moeten terugvaren!

Zes tekeningen verder:

En, tegen de avond...

Terwijl Kapitein Haddock door een verrekijker tuurt met een opgewekte Kuifje naast zich:

'Eindelijk, ons schateiland!'

Aan de hand van de meridiaan werd op initiatief van de Franse revolutionairen, als proeve van vooruitgang en wereldwijde menslievendheid, het metrieke stelsel ingevoerd 'voor alle tijden, voor alle volkeren'. De berekening van de lengtecirkel dateerde al van 1718, maar de Conventie, de revolutionaire assemblée, liet hem tussen 1792 en 1798 nog een keer narekenen om aldus de juiste maat van de meter (1799) te kunnen vaststellen. Tussen Duinkerken en Barcelona gingen landmeters aan het werk (Arago rekende later het deel tussen Barcelona en Mallorca uit) en stelden de juiste lengte van dat deel van de meridiaan vast. Eén veertigmiljoenste deel van de wereldomvattende lengtecirkel werd een meter. Er kwam een *mètre étalon*, de oermeter als het ware, uitgevoerd in iridiumhoudend platina, die nog altijd bij een constante temperatuur van nul graden bewaard wordt in het Pavillon de Breteuil in het Parc de Saint-Cloud aan de westkant van Parijs. Hier is het Internationale bureau voor gewichten en maten gevestigd; het kan niet worden bezocht.

François Arago werd op 26 februari 1786 in het Zuid-Franse plaatsje Estagel (Pyrénées-Orientales) geboren. Zoals jongetjes later buschauffeur of piloot willen worden, zo koos hij voor de sterrenkunde. De wetenschapper Méchain was in zijn geboortedorp geweest om metingen te verrichten voor het deel van de meridiaan tussen Duinkerken en Barcelona. Méchain was ongetwijfeld bij hem thuis geweest, want Arago's vader was burgemeester en kennelijk had hij met zijn mysterieuze meetapparatuur diepe indruk gemaakt op de jonge François.

Onder invloed van de Verlichting was het geloof in de vooruitgang en de belangstelling voor de wetenschap sterk toegenomen. Voor een jongen in die tijd was wetenschappelijk onderzoek, met een uitvinding als hoogste beloning, net zoiets als tegenwoordig een modderig avontuur met een sigarettenmerk in de rimboe. Trouwens, in het geval van Arago bleken beide prima met elkaar te verenigen.

In 1806 vertrok de twintigjarige François Arago als net afgestudeerd polytechnicus met de fysicus Biot naar Catalonië om door driehoeksmetingen de loop van de meridiaan tussen Barcelona en Mallorca te berekenen. Dat was een hachelijk avontuur. Maanden bracht hij door met een ingewikkeld instrumentarium in tenten en hutjes op eenzame bergtoppen aan de Catalaanse kust en op de eilanden ervoor. Alleen door 's nachts grote vuren te ontsteken konden de landmeters elkaar op afstand zien en aldus hun metingen verrichten.

Arago en zijn assistent, die hem overal begeleidde, werden bedreigd door struikrovers die zich in de bergen rond Cullera verscholen hielden. Toen hem op de gevaren van een overval gewezen werd, haalde hij een papier te voorschijn waarmee hij een patrouille kon vorderen. Die patrouille trok met hem de bergen in, maar toen ze 's avonds in Cullera terugkwamen, bleken de rijken aldaar geplunderd te zijn door de bandieten. Ze protesteerden daarmee tegen het feit dat geüniformeerde overheidsdienaars hun domein waren binnengetrokken.

Het veiligheidsprobleem werd opgelost toen de roverhoofdman bij een hevig onweer in de geïmproviseerde hut van Arago beschutting vond. Hij deed zich voor als douanier en viel meteen in een diepe slaap. De volgende dag verdween hij plotseling toen de burgemeester van Cullera en een politieman poolshoogte kwamen nemen. De volgende nacht kwam de bandiet terug en viel weer in slaap. Arago's assistent stelde voor om de man te doden, maar de jonge polytechnicus ging niet akkoord. Vanaf dat moment genoot Arago het vertrouwen van zijn onverwachte gast en kreeg hij zijn bescherming. Toen de kist met apparatuur toch een keer afgenomen werd, had hij die binnen de kortste keren terug. De roverhoofdman had woord gehouden. Het schijnt dat de jeugdige ingenieur zelfs heeft geprobeerd uit te leggen wat hij precies deed en dat beviel de man. Een verlicht struikrover dus. De wetenschap onder protectie van het geboefte. Kennelijk heeft de jonge François toen niet z'n slechtste tijd gehad.

Heel anders was het in de Desierto de Las Palmas waar een concurrerende bende geen enkele boodschap had aan Arago's hogere streven in naam van de vooruitgang. Hij wist maar nauwelijks aan de dood te ontsnappen en naar elders te ontkomen. Maar de metingen waren verricht.

Korte tijd later viel Napoleon Spanje binnen. De jonge Fransman met zijn bizarre instrumentarium werd als spion gearresteerd en bijna door een woedende menigte gelyncht. Hij was toen al bijna twee jaar onderweg.

Arago wist te ontsnappen en kwam terecht in Algerije waar de Bey van Algiers hem eerst vasthield en ten slotte op een schip naar Marseille zette waarop ook twee leeuwen meereisden als cadeau van de Algerijnse machthebber aan keizer Napoleon. Die leeuwen bleken zijn geluk te zijn toen het schip in Spaanse handen viel en Arago opnieuw in het gevang belandde. Thuis hadden ze al geruime tijd niets meer van hem vernomen en volgens de geruchten had hij de volkswoede niet overleefd. Zijn moeder liet missen opdragen voor zijn zielenrust.

In Parijs was zijn verdwijning niet onopgemerkt gebleven. De Ecole Polytechnique stond onder rechtstreeks toezicht van de keizer. In Spanje zat Arago dan wel in het cachot, maar hij had niettemin de mogelijkheid om te schrijven en had de tegenwoordigheid van geest om een boodschap te sturen naar de Bey van Algiers met de melding dat een van zijn leeuwen aan hongersnood was overleden nadat de Spaanse marine het schip met bestemming Marseille had opgebracht.

Het mag een wonder heten maar de post werkte, althans met Algiers. Met het vijandige Frankrijk waren de verbindingen kennelijk verbroken, anders had hij ook zijn familie kunnen waarschuwen. Het duurde weliswaar maanden voor de Bey het bericht van Arago ontving, maar het effect was er niet minder om. De dood van een van de leeuwen werd als een affront beschouwd; de Spanjaarden hadden met hun tengels af te blijven van het cadeau dat de Bey van Algiers voor de keizer van Frankrijk had bestemd. Er was hier sprake van een ernstig diplomatiek incident en gezien de toch al lastige omstandigheden leek het de Spanjaarden beter om de zaak te sussen.

Het schip met Arago en de overgebleven leeuw kon uitvaren naar Marseille. Onderweg kon het nog net een vijandig Engels schip ontwijken (Napoleon had het continentale stelsel – een handelsboycot van Engeland – afgekondigd en was in oorlog met de Britten), maar kwam uiteindelijk veilig in Frankrijk aan. Arago, die drie jaar weg was geweest en al ruim een jaar doodgewaand, werd van de weeromstuit als held ingehaald. Hij had zijn leven voor de wetenschap en de glorie van Frankrijk geriskeerd. Op drieëntwintigjarige leeftijd werd hij stante pede benoemd tot *sécretaire perpétuel*, voorzitter voor het leven, van de Académie des sciences. Het zat wel goed met de toekomst van de jongeman.

Al spoedig verwierf François Arago een dienstwoning in het Observatoire, waar hij in 1853 in zijn bed sterven zou. Het rekenwerk voor de meridiaan was voltooid, de polytechnicus die van alle markten thuis was, richtte zich nu op andere wetenschappelijke avonturen. Hij ontdekte in 1810 het fenomeen van de chromatische polarisatie, een nieuw systeem om kleuren te ontleden. Dat is het jaar overigens dat Napoleon met een ongelooflijke praal te midden van gestolen kunstschatten voor de tweede maal in het huwelijk trad, maar daar komen we later op, als we bij het Louvre zijn. Arago moet dat in elk geval van dichtbij hebben meegemaakt, maar hij liet zich er niet door van zijn werk houden. Onder zijn leiding werden de snelheid van licht en geluid vastgelegd. Met Ampère vond hij de elektromagneet uit en hij steunde Le Verrier, de ontdekker van de planeet Neptunus.

Als volksvertegenwoordiger zorgde hij er later voor dat de Franse overheid het fotografische procédé van Daguerre aankocht. Louis Daguerre (1789-1851) ontdekte in 1833, na zich met de natuurkundige Nicéphore Niepce te hebben geassocieerd, als eerste de methode om beeld in een donkere kamer vast te leggen. Er bestond vanuit het buitenland grote belangstelling voor de techniek van Daguerre en er werden forse bedragen geboden. Arago overtuigde de Franse regering van het belang van het procédé. De overheid betaalde vanaf 1839 een pensioen van zesduizend francs aan Daguerre en aan de zoon van Niepce. Nicéphore heeft als gevolg van een beroerte in 1833 nooit iets van de uitvinding geweten, maar had wel octrooi.

De man in het Observatoire wordt beschouwd als de vader van de wetenschappelijke popularisering. Zijn colleges waren openbaar en trokken een breed publiek. Hij was een begenadigde docent, die het geheim van zijn didactisch talent zelf toeschreef aan de 'intellectuele thermometer' die hij hanteerde. Dat betekende dat hij zich tijdens een college vrijwel exclusief, en waarschijnlijk tot opgelatenheid van de betrokkene, richtte tot degene die hem het minst snugger voorkwam. Zo gauw hij ook maar een zweem van onbegrip meende te ontwaren, hernam hij zijn uitleg in andere bewoordingen. Zijn colleges werden later gebundeld en in zeventien delen uitgegeven onder de titel *Astronomie populaire* met een voorwoord van de Pruisische wetenschapper Alexander von Humboldt met wie hij na zijn terugkeer uit Spanje een kamer had gedeeld. De collectie was destijds een groot verkoopsucces.

Arago was vierenveertig jaar toen hij tot afgevaardigde in de Assemblée werd gekozen van het district in de Pyreneeën, waar hij geboren was. Hij bleef dat tot 1852. Tot twee keer toe was hij ook voorzitter van het Franse equivalent van onze Gedeputeerde Staten voor het departement Seine (Parijs). Dat kon toen, net zoals vandaag een burgemeester ook kamerlid voor een district in de Auvergne kan zijn. Zo was de tegenwoordige president Jacques Chirac tot mei 1995 burgemeester van Parijs en kamerafgevaardigde van een district in de Corrèze (Auvergne).

Als rechtgeaarde republikein nam Arago deel aan de revolutie van 1848. Hij had een matigende invloed en dat was de reden dat hij tot minister van Marine (later van Oorlog) werd benoemd in de voorlopige regering. Vanaf 9 mei 1848 was hij voorzitter van de Uitvoerende Raad en als zodanig het Franse staatshoofd. In die hoedanigheid maakte hij een eind aan de slavernij in de Franse koloniën. De raad werd na zesenveertig dagen ontbonden, Napoleon III stond al voor de deur. In 1852 weigerde hij trouw te zweren aan de nieuwe keizer en hij verliet de politiek. François Arago stierf op 2 oktober 1853 en kreeg een staatsbegrafenis met zijn politieke tegenstanders op de eerste rij. Het nieuwe bewind loofde de wetenschapper letterlijk het graf in om de vooruitstrevende politicus zo snel mogelijk te doen vergeten. Hij was een groot man. Hij verdient het ongetwijfeld op zijn geliefde meridiaan te worden herdacht.

En route

We volgen het spoor van zuid naar noord. Vanuit deze positie, nekhaar naar het zuiden, neus naar het noorden, balanceren we voortaan op de meridiaan van Parijs, hebben we het over links en rechts, vooruit en achteruit.
Hoewel de route zo duidelijk mogelijk beschreven wordt van medaillon naar medaillon, van nummer naar nummer, is het niettemin raadzaam een stadsplattegrond bij de hand te hebben. Ik heb zelf de *Atlas Paris* van Michelin gebruikt. De kaarten zijn van groot formaat, toch dun en licht en al met al helder, overzichtelijk en goed leesbaar.
Op de bronzen medaillons staat noord (N) en zuid (S van sud) aangegeven. Ze geven ook de richting aan. Dus het volgende plaatje ligt in het verlengde van de denkbeeldige lijn tussen N en S. Als de afstand groot is of er gebouwen tussen de opeenvolgende plaatjes staan, dan blijkt de as lang niet altijd overeen te komen met ons richtinggevoel. Misschien is er hier en daar een beetje met de rechte lijn gesmokkeld; bewijzen kan ik dat niet. Seizoensinvloeden kunnen het zoeken bemoeilijken, vooral in het najaar wanneer de herfstbladeren zich ophopen zonder enig respect voor het kunstwerk. Van tijd tot tijd is het dus echt spoorzoeken geblazen.
Gezien het enthousiasme van Openbare Werken voor dit project (zie 'Hommage à François Arago') komt het meer en meer voor dat plaatjes door werkzaamheden tijdelijk of zelfs definitief verdwenen zijn.
We volgen de nummering van de Parijse geometrische dienst die af en toe een plaatje vergeten heeft en er dan later nog een met een A- of B-nummer tussen frommelde. Soms slaat de dienst ook een nummer over maar dat vertel ik erbij. De nummering loopt van 1 tot 135, maar in werkelijkheid liggen er welgeteld 128 plaatjes.
Parijs en de regio heeft een mooi netwerk van snelle metro's, die eigenlijk gewoon treinen zijn. Ze rijden op het Réseau

Express Régional en dat metronetwerk heet daarom RER. Je kunt met een alledaags metrokaartje in de metro op voorwaarde dat de zone klopt (1 of 2 zones voor de stad Parijs binnen de périphérique). Welnu, met RER-lijn B-2 of B-4 (zuidelijke richting) reizen we naar halte *Cité Universitaire* aan boulevard Jourdan tegenover de Cité Internationale de l'Université de Paris, een internationale campus met zevenendertig grote wooneenheden, 'huizen' of 'paviljoens' zegt men daar, voor zo'n zesduizend studenten.
De Cité, een park van veertig hectare, werd in de jaren twintig, kort na de slachtpartij van de Eerste Wereldoorlog, opgericht om internationale toenadering te bevorderen en de Parijse studenten betere huisvesting te bezorgen. Het mengen van studenten uit velerlei landen zou het wederzijdse begrip ten goede komen, dacht men. Veel landen, ook Nederland (zie Fondation Juliana), vestigden er een paviljoen. Daar, achter in het park, ligt bronzen plaatje nummer 1 van het Arago-monument.

Cité Universitaire

We gaan het park binnen bij nummer 31 van boulevard Jourdan. Komend van het RER-station schuin rechts aan de overkant van de boulevard. Lopen dan via avenue Jean Branet (paden en straten in parken hebben gewoon straatnamen) tot helemaal achterin het park waar het Pavillon du Cambodge (naam staat op de gevel) staat.
Toen ik de route in 1994 voor de eerste keer aflegde waren ramen en deuren van het pavillon al sinds twintig jaar dichtgemetseld en met prikkeldraad afgezet. Geheel in stijl, als een kampgebouw want ook dit uit 1957 daterende paviljoen was zogezegd slachtoffer van de Rode Khmer. Pas zeer recentelijk is de renovatie ter hand genomen. In de zomer van 2003 moet die klaar zijn. Toen ik er aan het begin van dit

jaar ging kijken was de herbouw nog in volle gang. Volgens een groot bord moet het allemaal heel mooi en comfortabel worden. Met meer dan 200 woningen en repetitieruimten voor muziekstudenten.
Als het weer kan, lopen we links om het paviljoen heen, draaien ons om, punten de neus richting noorden. En dan gaan we!

No. 1: Als het goed is, ligt het eerste plaatje aan de achterkant in het stoepje op de rechterhoek.

Kijk even rond in dit vergeten hoekje van Parijs in de schaduw van het verloren Kampuchea. Op enkele meters afstand dendert het verkeer over de périphérique. Beklim het heuveltje in het parkje. Aan de andere kant van de ringweg waken grote, groen uitgeslagen engelen op de toren van de Sacré-Coeur de Montrouge over de automobilist die via de Porte d'Orléans richting Autoroute du Solcil koerst. Pas bij veilige terugkeer vanuit het zuiden blijkt of ze echte beschermengelen zijn. De loopbrug over de périphérique tussen de Cité en het godshuis, ooit bedoeld om het zielenheil van de internationale studenten te faciliteren, is afgesloten. Als bevestiging van een onzichtbaar fenomeen: sociaal gezien is de périphérique een ijzeren gordijn, een Berlijnse Muur, een welhaast onneembare scheiding tussen La Capitale, de hoofdstad, en de rest van de wereld, tussen arm en rijk, tussen *en avoir ou pas* om het op z'n Frans te zeggen.
Voor de rest is de Cité Internationale een mooi park dat voor iedereen toegankelijk is. Het is er prettig toeven. Er komt veel jeugd, af en toe is er muziek. Het ademt de sfeer van een campus. De huizen en paviljoens zijn van stichtingen, van buitenlandse regeringen of behoren toe aan het Franse ministerie van Onderwijs dat bijvoorbeeld het Nederlandse paviljoen overgenomen heeft. De exploitatie is dus geheel Frans, alleen Juliana's naam is nog Nederlands.

No. 2: Ligt (hoort te liggen) aan de voorkant van het Cambodjaanse paviljoen, rechts op de hoek.

No. 3: Circa vijfentwintig meter verder in het verlengde van de zuid-noordas maar was bij m'n laatste inspectietocht onvindbaar.

No. 4: Linksaf en dan rechts op het perk heen. Ongeveer 100 m verder. Ligt aan de linkerkant tussen twee bomen in het rode asfalt van het tuinpad, 20 m na het sportveld.

No. 5: 25 m verder. Midden op de eerste klinkerstraat links. Voor het gevoel iets rechts van de as.

No. 6: Op het grindpad 10 m vooruit. Verdwenen.

No. 7: Bij het trapje aan de achterzijde van de Fondation Victor Lyon. Was al voor de tweede druk verdwenen. Nieuw grind kennelijk. Navraag heeft niets opgeleverd.

No. 8: Omlopen naar de hoofdingang van het gebouw. Vier meter van het bordes van dezelfde stichting is een rond gat nog zichtbaar, maar het plaatje is weg. Studenten schijnen ze als trofee op hun kamer te exposeren.

No. 9: Iets verder op het pad in het grasveld.

No. 10: Ligt 10 stappen verder midden op de avenue Rockefeller (de Amerikaanse miljonair bekostigde destijds het Maison Internationale) achter het Canadese paviljoen.

No. 11: Via de hoofdingang weer naar buiten en dan naar links, naar straatnummer 33. Zeven meter voor n° 33 lag het plaatje op de boulevard Jourdan. Maar de nieuwe socialistische burgemeester en zijn groene wethouders geven bussen en fietsers ruim baan met het gevolg dat er een fietspad en busbaan is aangelegd. Veel nieuw asfalt dus, plaatje weg.

Fondation Juliana

Enkele honderden meters verder op dezelfde stoep in westelijke richting staat op nummer 61 van boulevard Jourdan het Collège néerlandais van de Fondation Juliana. Een ar-

chitectonische bijzonderheid in helderwit. Het werd destijds (1928) met Nederlands geld gebouwd en na de oorlog aan de Franse overheid overgedaan. Het was aanvankelijk voor Nederlandse studenten bedoeld en die hebben er ook ruimschoots van geprofiteerd, maar na de oorlog deed de Nederlandse overheid het kostbare gebouw graag van de hand.
Het paviljoen werd ontworpen door Willem Marinus Dudok (1884-1974), de architect van het stadhuis in Hilversum, de Stadsschouwburg in Utrecht, de Bijenkorf in Rotterdam en tal van andere villa's, kantoren, badhuizen, tunnels en viaducten. In *l'Ecole de Paris, 10 architectes et leurs immeubles,* rekent Jean-Claude Delorme hem misschien wat al te voortvarend tot de School van Parijs, een architectuurstroming die zich tussen de beide wereldoorlogen manifesteerde in de Franse hoofdstad. Het gebouw wordt beschouwd als een fraai voorbeeld van Parijse creativiteit, terwijl de inspiratie van Dudok dichter tegen de Stijl en Bauhaus aanzit, dunkt me.
Overigens heeft Delorme niets dan lof voor Dudok in het soort woekertaal dat bouwmeesters eigen is: 'De strikte lijnen van Dudok leiden geenszins tot droogheid van stijl, maar tot een subtiele expressie tussen stilte en woord, tussen zuivere constructie en architectuur. W.M. Dudok staat heel dicht bij de ascese van J.J.P. Oud, maar brengt een zekere barokke spanning tot stand in verhouding tot de massiviteit van de volumen en het gevoel voor detail dat alleen grote bouwmeesters bezitten.'

Terug naar nummer 33 van boulevard Jourdan.

No. 12: Lag schuin aan de overkant op de ventweg van de boulevard en is ook in dit geval slachtoffer geworden van het rood-groene verkeersoffensief. La Mire du Sud, een uit 1806 daterende richtpunt op de Parijse meridiaan, staat als een standbeeldje duidelijk zichtbaar aan de rand van het parc Montsouris.

No. 12A: Veertig meter links van de Mire du Sud, die dus veertig meter uit het lood staat, midden op de avenue de Tunisie ter hoogte van de zesde bank aan de linker kant.

No. 13: Goed zichtbaar. Rechts de kantoren van Météo France, het KNMI van de republiek. Het plaatje ligt op het parkeerplaatsje voor de deur.

No. 14: Rechts om de hoek aan de linker zijkant van Météo France.

No. 15: Linksaf, een rondlopend pad met banken inslaan. Nummer 15 ligt voorbij de banken bij het zuiltje met het opschrift *La méridienne verte*.

Parc Montsouris

Het parc Montsouris is een van de vier grote parken die op initiatief van de Parijse prefect Georges-Eugène Haussmann (1809-1891) werden aangelegd: Bois de Boulogne in het westen, Bois de Vincennes in het oosten, parc des Buttes-Chaumont in het noorden en Montsouris in het zuiden. Men zegt dat er in een ver verleden molens stonden die tarwe maalden en dus een onweerstaanbare aantrekkingskracht uitoefenden op allerhande knaagdieren. Het park was een muizenberg.

Dat staat te lezen in een smoezelig stenciltje dat de parkwachters net zoals hun collegae op de Parijse begraafplaatsen graag uitdelen in ruil voor een fooitje en eventueel een praatje. Ze vertellen dan wat er niet op het stencil staat. Bijvoorbeeld dat de grote vijver aan de allée du Lac door een onverklaarbare constructiefout leegliep op de dag van de officiële opening in 1878. Voor de verantwoordelijke man, ingenieur Alphand van de directie Openbare Weg en Wandelroute, zo'n onoverkomelijke schande dat hij zelfmoord pleegde. Lenin, die lange tijd als banneling in Parijs leefde, schreef naar het schijnt toespraken in de muziektent van het park en Mata Hari, onze nationale Friezin Margaretha Zelle uit Leeuwarden, begeerd naaktdanseres en verdwaald spionne, werd er als demi-mondaine gesignaleerd – en waar niet trouwens – op het terras van het Pavillon Montsouris waar het nog altijd heerlijk toeven is. Ingang rue Gazan aan de rechterzijde van het park.

Oog van de dag

Mata Hari is Maleis voor 'oog van de dag'. En inderdaad, ze plukte de dag. Tot ze het slachtoffer werd van haar eigen mythomanie en de hysterische angst van de strijdende partijen voor spionnen tijdens de Eerste Wereldoorlog. Ze had het profiel van een femme fatale, ze werd ervoor gestraft. Als spionne stond ze op 15 oktober 1917 op het militaire terrein van het Château de Vincennes voor het vuurpeloton, maar in feite was ze niet veel meer dan een al te willige courtisane. Ze wilde ooit beroemd worden, door de executiekogels werd ze een legende.

Margaretha Geertruida Zelle werd geboren in 1876 in Leeuwarden, waar ze met een standbeeld wordt herdacht. Na haar huwelijk met de KNIL-kapitein Rudolf MacLeod en een verblijf met hem in Indië, vestigde ze zich onder de naam Mata Hari in Parijs. Als *Lady* MacLeod had ze al fantaserend een aardig netwerk opgebouwd van niet onbemiddelde dames en heren met artistieke en maatschappelijke invloed. Wat ze allemaal vertelde over haar zogenaamde oosterse verleden werd grif geloofd. Ze speelde in op de belangstelling voor oosterse mystiek en ze presenteerde zich als specialiste van de oeroude Aziatische danskunst: haar doorzichtige sluiers werden aldus zedige dekmantels voor erotisch kijkplezier.

Dat ze als kunstenares werd geaccepteerd, blijkt uit een artikel in *La vie parisienne* na haar officiële debuut in het Parijse Musée Guimet dat ook toen al autoriteit genoot op het gebied van de oosterse kunst:

De absoluut authentieke brahmaanse dansen werden door Madame Mata Hari op Java ingestudeerd met hulp van de meest bedreven priesteressen van Indië. De dansen zijn geheim. Alleen de brahmanen en devadashi mogen ze diep verborgen in de tempels bijwonen. Tot het grootste genoegen van onze ogen beeldde Mata Hari de prinses en de magische bloem uit, riep ze de godin

Shiva aan en bracht de dans voor Soebramayan. Ze droeg het kleed van de tempeldanseressen in een zo eenvoudig mogelijke uitvoering; en aan het eind helemaal eenvoudig want stil staat ze voor Shiva, trots en zonder sluier in haar naaktheid die getemperd wordt door een kousbroek. Om god te vertederen, biedt ze zich aan hem aan. Dat is heel sterk, heel gedurfd en heel zedig.

Een andere krant, *Le Gaulois,* schrijft over dat optreden: 'Afwisselend katachtig, vrouwelijk tot in het extreme, dan majesteitelijk tragisch, ze deelt de duizend wendingen van haar lichaam, de duizend ritmen van haar tred, de duizend uitdrukkingen van haar gelaat in details op. Wat voelen we ons ver van de conventionele luchtsprongen van onze klassieke koningen van de dans.'

De jonge Friezin veroverde de oude wereld. Ze reisde van Parijs naar Madrid, Wenen, Berlijn en Milaan. Ze kon vragen wat ze wilde. Ze dacht zelfs definitieve erkenning te hebben gevonden toen ze door de opera van Monaco werd uitgenodigd om op te treden in het ballet *Le Roi de Lahore* van Massenet. Maar de grootste balletmeester in de eerste decennia van deze eeuw, Serge Diaghilev (van de beroemde Russische balletten), zag weinig in haar. Na veel aandringen kon ze drie maanden onbetaald op proef komen als ze dat beslist wilde.

Ze was mooi, mysterieus, uitdagend, opwindend, maar niet iedereen geloofde in haar artistieke authenticiteit. Ze trad op in de voorstad Neuilly, waar ze een huis had gevonden. Het was een gedurfd spektakel, drie dagen achtereen, waaronder één voorstelling voor alleen vrouwen. Ze kwam van achter een scherm op, geheel naakt, zittend op een witte schimmel. De schrijfster Colette die het klappen van de zweep kende, omdat ook zij voor de kost naakt onder hetzelfde soort sluierachtige vendels optrad (Colette komt uitgebreider ter sprake als we in Le Grand Louvre zijn), doorzag de truc:

De lieden die eerder zo in vervoering raakten en zo esthetisch over Mata Hari's persoon en talent hebben geschreven, moeten zich nu wel afvragen door wat voor een collectieve zinsbegoocheling ze bevangen waren. Het geheim van haar succes zit 'm in haar bereidheid om haar slanke middel, haar fijne, soepele rug, haar gespierde lendenen, lange dijbenen en smalle knieën te tonen.

Volgens Colette hadden haar danspassen en hindoeverhalen geen ander doel dan het gebruikelijke effectbejag. Misschien was zij zelfs wel een tikkeltje jaloers, zoals de Engelse schrijfster Julie Wheelwright in haar boek *The Fatal Lover* suggereert. Colette vond Mata Hari eigenlijk helemaal niet zo aantrekkelijk. Ze had een dikke mond en neus, schrijft ze, en na haar laatste nummer op die middag in Neuilly, 'waarbij de belangstelling de grens van het decente bereikte, boog en praatte Mata Hari en was ze om flauw te vallen zo saai.'

De Amerikaanse journaliste Janet Flanner, die als correspondent van *The New Yorker* de prachtige *Paris Journals* schreef, had geen last van afgunst: 'De enige vrouw die een ongelooflijke stijl had, was Mata Hari,' schreef ze. Wat erotisch vendelzwaaien betreft, was Colette verslagen.

Margaretha Zelle had intussen tal van minnaars, concubijnen, bewonderaars. Ze onderhield een uitgebreid internationaal netwerk en verwierf zich de reputatie van een *demimondaine*, een willige vrouw met materiële interesse, die in tijden van internationale spanning algauw verdacht was.

Het aardige van het boek van Julie Wheelwright is dat ze in de eerste plaats bewondering heeft voor Mata Hari, die zich als gescheiden vrouw een plaats heeft weten te verwerven in een samenleving die onafhankelijke vrouwen weinig of niets toestond. Colette kan daar over meepraten. Haar boek is vooral ook een zedenschets van de eerste decennia van deze eeuw. Men ging ervan uit dat vrouwen even zeer op spanning uit waren als op seks en dat spionage wat dat betreft even adequaat kon zijn als een goede minnaar. Om van de

combinatie nog maar niet te spreken. Vooral vrouwen uit de betere kringen dienden in de gaten te worden gehouden, want dreigende schandalen zouden tot chantage kunnen leiden. Dat gold bijvoorbeeld voor lesbische verhoudingen. Of, als dat niet aan de orde was dan heette het wel dat vrouwen te veel belangstelling hadden voor het mannelijk lid. Dat gold voor 'de soldaten in uniform', de verpleegsters, die ook niet geheel zuiver op de graad werden geacht.
Mata Hari, zo toont Wheelwright aan op grond van recentelijk geopenbaarde stukken van Scotland Yard en informatie van de bekende Nederlandse Mata Hari-specialist Sam Wagenaar, werd gemanipuleerd, was geen gevaarlijke spionne en is naar haar oordeel onschuldig gefusilleerd. Ze werd geofferd als archetype van de op seks beluste vrouw, de verleidster, de femme fatale, die de ondergang van de man, ja zelfs van de zo keurig bestuurde herensamenleving veroorzaakt. Mata Hari, martelares van het feminisme? Destijds werd ze door de autoriteiten in elk geval afgeschilderd als een afschrikwekkend voorbeeld van zedeloosheid en cupiditeit. Geen vrouw dus die zich gedroeg volgens de geldende regels. Een vrouw om van te houden, een fatale liefde.

[Route]

No. 16: Na het bankje waar nummer 15 ligt, laten we de in het struikgewas verborgen tuinschuur rechts liggen. Een paar meter voor een vierkant wit huisje – een plasje voor dertig centimes bij een dame die een persoonlijke haat koestert tegen een ieder in hoge nood – ligt nummer 16.

No. 17: Linksaf, allée du Puits in, het plaatje ligt aan de linkerkant van het pad tussen de eerste en de tweede bank.

No. 18: Aan de rechterzijde van hetzelfde pad, langs de stoeprand ter hoogte van de vierde bank.

No. 19: Allée du Puits komt uit in de allée de Montsouris. Rechtsaf richting uitgang tegenover de avenue René Coty. Rechts van het wachthuisje op 3m van de stoep ligt n° 19.

No. 20: Zes meter van de stoeprand, rechts van de zuil met de intrigerende naam *Colonne de la Paix Armée*, zuil van de gewapende vrede, van ene Jules Coutan (1887), ligt het volgende plaatje. De zuil stond tot 1960 op het Antwerpenplein (square d'Anvers) en moest wijken voor een parkeergarage. Wat weinig eervol is voor een monument dat na de oorlog tegen de Pruisen in 1870 is opgericht als symbool van een natie die zich verdedigen zal als het moet. In vrede is maar wel gewapend...

Langs het park loopt de avenue Reille. Op nummer 53 staat het huis dat Le Corbusier er voor de oorlog voor de schilder Ozenfant bouwde. Georges Braque had zijn atelier in de straat die in 1978 (zijstraat van rue Nansouty) naar hem werd vernoemd.

De kortste weg naar medaillon nummer 21 loopt via de avenue René Coty die geen speciale charme heeft. Daarom is het aardiger om aan de linkerkant rue Saint-Yves te nemen die aanvankelijk parallel aan de avenue naar boven loopt langs een van de grootste drinkwaterreservoirs die Parijs rijk is (alweer Haussmann die er ondanks cholera-epidemieën jaren over heeft gedaan om de volksvertegenwoordigers ervan te overtuigen dat het tot dan toe gebruikte Seine-water besmet was). Vervolgens rechtsaf rue Tombe-Issoire in.

Willem van Oranje, bijgenaamd Korte Neus

Hier zou zich volgens een Oudfrans heldendicht uit 1182 al een Willem van Oranje hebben gemanifesteerd. Dat zat zo. Op de heuvel van Montmartre had zich een reus gevestigd die maar liefst vier meter twintig lang was: Ysoré. De reus was een ruziezoeker, een provocateur en Parijs was bang voor hem. De autoriteiten deden een beroep op een vechtersbaas uit Montpellier, Guillaume d'Orange geheten, bijgenaamd Korte Neus, naar men mag aannemen geen familie.

Korte Neus was slim. Hij speelde David tegen Goliath na in een aangepaste versie. Hij deed net of hij dood was en slaagde erin Ysoré te verrassen. Dat wil niet zeggen dat Ysoré gemakkelijk overwonnen was. Er werd hevig gevochten maar uiteindelijk sloeg Korte Neus het hoofd van de reuzenromp. Ysoré werd in deze straat, langs de toenmalige weg naar Orléans, begraven. In 1212 vond men een grafzerk die aan hem werd toegeschreven, het Sepulcrum Isoreti, en zijn naam werd langzamerhand verbasterd van Ysoré naar Isoere tot Issoire. Vandaar rue Tombe-Issoire, de tombe van Ysoré. De Nederlandse Vijftiger Rudy Kousbroek heeft hier in de jaren vijftig gewoond.

Henry Millers gelukkigste jaren

De eerste straat rechts op nummer 100 is villa Seurat. Het woord 'villa' moet u niet van de wijs brengen. Villa betekent in dit geval privé-straatje, *voie privée* zoals de Fransen zeg-

gen als het particulier terrein is. Henry Miller, die begin jaren dertig geen cent had, mocht er een tijdje gratis wonen op nummer 18. Zijn weldoener was Michael Fraenkel, die zelf ook schrijver hoopte te worden. Miller schreef hier *Tropic of Cancer* (1934, zijn huiseigenaar komt erin voor als Boris) en had er daarna iets moois met Anaïs Nin, die wel geld had en voor hem de bovenetage huurde. De Engelse schrijver Laurence Durell was eveneens van de partij. Vervolgens deed hij er als uitgever de zogenoemde *villa Seurat Series* verschijnen: *Max and the White Phagocytes* (van Miller zelf), *The Black Book* (van Durell) en *Winter of Artifice* (van Anaïs Nin). Toen Miller in 1939 bij Durell in Griekenland op bezoek ging, brak de oorlog uit en hij keerde terug naar de VS. Later verklaarde hij dat de tijd in villa Seurat de gelukkigste van zijn leven was geweest.
Een kunstenaarsstraatje dat Miller beschreef als het centrum van de wereld, representatief voor wat Parijs in die tijd op cultureel gebied betekende.

De hele straat geeft zich over aan werk in rust en vreugde. In elk huis zit een schrijver, schilder, musicus, beeldhouwer, danser of acteur. Het is zo'n rustig straatje en toch is er zo veel activiteit gaande, in stilte, gepast, of moet ik misschien zeggen in eerbied? Zo is het in mijn straat, maar zo zijn er honderden van dat soort straten in Parijs. Er is constant een leger kunstenaars aan het werk, het grootste van alle steden in de wereld. Dat is wat Parijs maakt, deze brede groep van mannen en vrouwen die met de dingen van de geest bezig zijn. Dat is wat de stad gaande houdt, haar tot de magneet van de culturele wereld maakt.

De expressionistische schilder Chaïm Soutine (1894-1943) had er een atelier op nummer 17. De architect Auguste Perret bouwde het huis op nummer 7. De gebroeders Perret zijn in Frankrijk vooral bekend, omdat ze het Théâtre des Champs-Elysées aan de avenue Montaigne bouwden en het plan ontwierpen van de wederopbouw van het door de Engelsen platgebombardeerde Le Havre.

No. 21: Rechtdoor naar place Saint-Jacques (bij metrostation Saint-Jacques), rechts op de hoek met boulevard Saint-Jacques is een Renault-garage. Het Arago-plaatje lag tussen het stoplicht en de etalage, maar is dus verdwenen. Navraag bij Renault leverde niets op. De receptionist, die er toch al een aantal jaren achter de toonbank staat, had nog nooit van een Arago-plaatje voor de deur gehoord, laat staan van wat er zich ooit voor zijn showroom had afgespeeld.

De guillotine en de beul

De herberg van de beul

Guillotin,
Médecin,
Politique,
S'avise une beau matin
Que pendre est inhumain
Et peu patriotique

Et sa main
Fait soudain
La Machine
Qui proprement nous tuera
Et que l'on nommera
Guillotine

Guillotin
Arts
Politicus
Bedacht op een mooie morgen
Dat ophangen onmenselijk is
En weinig vaderlandslievend

Eigenhandig
Maakte hij plotseling
de Machine
Die ons zo maar doden zal
En die we noemen
Guillotine

Zo luidde in de dagen van de Franse Revolutie een ode aan de goede dokter Guillotin. De hoogleraar anatomie en revolutionair volksvertegenwoordiger pleitte voor de invoering van het in vroegere tijden al bekende werktuig dat in de volksmond 'nationaal scheermes' wordt genoemd. Hoewel hij daar fel tegen was, heeft hij niet kunnen voorkomen dat de machine naar hem genoemd werd. De guillotine werd aanvankelijk op de traditionele executieplaats voor het tegenwoordige stadhuis opgesteld. Vervolgens ging het geval later naar de Bastille, maar moest wegens buurtprotest (stank van bloed en veel honden) weer verhuizen. De terechtstellingen werden toen voortgezet op place de la Concorde, waar pal voor het tegenwoordige hotel *Crillon* (de al gesignaleerde Mata Hari liet er graag haar kamer door een tijdelijke minnaar betalen) de nek van koning Lodewijk XVI werd 'verbreed', zoals het toen zo aardig heette.

Later, vanaf 1832 tot het einde van de eeuw was place Saint-Jacques de vaste executieplaats en werd de guillotine er telkens opgericht als er onthoofd moest worden. Alleen al in

la guillotine

de woelige periode tussen 1830 en 1848 gebeurde dat 558 keer. De beul en zijn helpers troffen elkaar op de hoek van rue Tombe-Issoire en boulevard Saint-Jacques in een proeflokaal met de ondubbelzinnige naam *Le cabaret du bourreau*, café De Beul. Dat klinkt anders dan café de la Poste maar is het niet van alle tijden dat de middenstand met een fijne neus voor trends het gat in de markt weet te vinden?

De Amerikaan Theodore B. Witner, die in die vruchtbare tijd in Parijs logeerde, vernam dat de beul soms belangstellenden als persoonlijke gasten uitnodigde om een executie bij te wonen. Hij liet zijn interesse blijken en deed uitgebreid verslag, zoals blijkt in *Americans in Paris*:

Gisteravond kreeg ik een zeer beleefde uitnodiging van Monsieur Henri om hedenochtend aanwezig te zijn als hij zijn plicht vervult ten aanzien van een ongelukkig slachtoffer wiens vernietigingsdrang hem ertoe bracht om één van zijn medeschepsels de hersens in te slaan met een hamer.
Executies zijn nogal zeldzaam, gemeten naar de omvang van de bevolking; ze vinden altijd vroeg in de morgen plaats zonder voorafgaande aankondiging. De misdadiger zelf wordt pas op de avond ervoor op de hoogte gebracht. Al deze voorzorgsmaatregelen dienen ertoe om opstootjes te voorkomen als de guillotine in actie komt. Hij wordt meestal pas na middernacht opgericht, zodat slechts weinigen, met uitzondering van hen uit de onmiddellijke omgeving, de tijd hebben om er zich te verzamelen tussen zonsopgang en het moment van executie.
Acht uur was de afspraak en ons werd aangeraden op tijd te zijn, want de regering is zeer punctueel in zijn uitvoering. Het was nauwelijks dag toen we bij de Barrière (de slagboom) van rue Saint-Jacques aankwamen. Er waren weinig mensen. Een groepje bereden stadsbewakers vormde een kring rond de plek; meteen daarachter een paar grenadiers, drie of vier stappen uit elkaar. De meeste toeschouwers leken soldaten die met verlof waren, en de alomtegenwoordige gamins [kwajongens] van de Faubourg. Wij, als genodigden van de terechtsteller, werden naar een kleinere kring gedirigeerd en kregen een plaats op slechts enkele meters afstand van het instrument van de dood. Het platform van de

guillotine was hoger dan ik had verwacht, acht tot tien treden zodat de executie tot op zekere afstand te zien zou zijn. De guillotine zelf is een heel simpel toestel, niets anders dan twee verticale pijlers die veertig centimeter uit elkaar staan, vier, vijf meter hoog. Daartussen, bovenin, wordt de valbijl of het mes door een touw vastgehouden. Als je dat loslaat glijdt het pijlsnel naar beneden in de groeven van de pijlers.

Witner vervolgt zijn technische beschrijving tot in de details; dat het mes driehoekig geslepen is, dat de ter dood veroordeelde op een dwarsplankje wordt gezet dat in één beweging voorover kan worden gekieperd en met zijn nek precies in de onderste helft van een houten kraag valt die hem vervolgens omringt. Hij heeft dan zicht op de mand die zo is geplaatst dat zijn hoofd er keurig in opgevangen wordt. Naast het slachtoffer staat een langwerpige mand waarin de rest van het lichaam terechtkomt.

De gasten van de beul kouten op gedempte toon in afwachting van de hoofdpersoon van het drama. Er worden ervaringen uitgewisseld. Over hoeveel executies deze of gene al heeft meegemaakt. Een van de toeschouwers meldt dat hij er eens bij was toen er elf veroordeelden in zegge en schrijven veertien minuten een kopje kleiner werden gemaakt. Witner vermoedt aanvankelijk dat hij met grootspraak te maken heeft, maar als hij eenmaal gezien heeft hoe gezwind Monsieur Henri te werk gaat, moet hij het wel voor waar aannemen.

Het wordt nog een vrolijke boel daar aan de barrière Saint-Jacques. Ondanks de voorzorgsmaatregelen is er inmiddels een forse menigte op de been. Er worden grappen gemaakt en er wordt gelachen, de politie probeert door met bajonetten richting billen te steken een aantal nieuwsgierigen de bomen uit te jagen. Tevergeefs. 'Niets kan het dierlijke instinct van de Fransman tot bedaren brengen,' schrijft Witner.

Dan komt de gevangene. Een jongeman, onzekere pas, zijn gezicht 'doodsbleek'. Een laatste biecht. Volgens Witner kijkt de aanstaande dode een ogenblik omhoog naar de bijl en moet het hebben zien blikkeren in de vale ochtendzon. 'Er moet zich op dat moment een verschrikkelijke doodstrijd in het hoofd van die arme kerel hebben afgespeeld.' Hij was nog maar nauwelijks op het schavot of zijn bovenlichaam werd ontbloot en hij stond al op het kiepplankje.

De beul drukte het zacht naar voren, de voeten kwamen omhoog, het lichaam lag perfect horizontaal, het gezicht naar beneden, de nek in het gat tussen de twee houten planken. De bijl kwam met een suizend geluid naar beneden, het hoofd sprong naar voren, de mand trilde, alles verdween uit het zicht, elk spoor van de man was op slag verdwenen. Ik geloofde mijn ogen niet. Was hier werkelijk een leven genomen? Ik had een man zien uitstappen en nu was hij verzwonden, dood. Met de snelheid van een gedachte, nauwelijks tijd voor een emotie. Behalve een koude rilling op het moment dat het zware mes de pijnlijke stilte brak, veroorzaakte de executie geen ander gevoel in mij. Ik had mezelf tegen het ergste gewapend, er bleek geen reden voor een schok voor de meest gevoelige onder ons te zijn.

Vervolgens legt Witner omstandig uit hoe humaan de guillotine is en dat de executie zo snel en *clean* verloopt dat demonstraties van ongezond sentiment worden voorkomen. Na afloop ontdekt hij zelfs de aanwezigheid van twee mannen die ongetwijfeld hun trommels hadden geroerd als de gevangene was gaan schreeuwen, zoals dat gebeurde toen Lodewijk XVI zich vanaf het schavot tot de menigte wilde richten.

Als man van zijn tijd heeft Witner niet ongelijk. Nadat de guillotine nauwelijks veertig jaar eerder, op 25 januari 1792, voor het eerst was gebruikt, schreef de *Chronique de Paris*: 'Het volk van Parijs was onvoldaan, had niets gezien, het ging te snel. Het ging teleurgesteld uiteen en zong om zich te troosten: "Geef ons de galg terug, de galg van hout." ' Voordien was een executie een langdurige martelpartij die opgewonden en soms hysterisch volk aantrok. De guillotine was ontnuchterend modern.

Witner ging later met het gezelschap genodigden naar de Ecole Pratique, waar de stoffelijke resten van het slachtoffer konden worden bekeken. 'De nek was keurig scherp afgesneden ter hoogte van de derde wervel. De gelaatsuitdrukking was opmerkelijk, geen spoor van pijn, maar wel verdriet, intense droefenis in elke rimpel van dat bleke gezicht.'

Er is een element in dit verhaal dat Witner niet vertelt. Monsieur Henri, de beul, moet Henri Clément geweest zijn, de laatste van de roemruchte beulendynastie Sanson. Het beulenwerk ging tot in de vorige eeuw over van vader op zoon. De Sansons hebben van 1688 tot 1847 vrijwel alle executies in de Franse hoofdstad voor hun rekening genomen. Ze werden weliswaar als maatschappelijk melaats beschouwd en daarom trouwden kinderen van beulen uit verschillende steden vaak onderling, maar ze genoten ook grote financiële voorrechten. Beul zijn was een goeie baan.
De Sansons waren beroemd en komen veel voor in toenmalige cabaretteksten. Zoals in deze van een anonieme auteur:

Bewonder van Sanson zijn uiterste intelligentie!
Met het fatale mes heeft hij allen omgelegd.
Wat moet er nu van hem worden in deze situatie?
Dat hij zichzelf onder de guillotine legt

Morgen zegt Sanson heel gewoon,
Ik moet je scheren,
Dan kun je, beste vriend, bij wijze van loon,
Iedereen in de andere wereld terroriseren.

Maar Monsieur Henri was het zwarte schaap van de familie. Meer nog dan zijn voorvaderen leefde hij in de marge. Hij was homoseksueel, had veel avonturen en maakte grote schulden. Om die terug te betalen hield hij, ongetwijfeld bloedstollende, lezingen en nodigde graag gefortuneerde buitenlanders uit om tegen betaling executies bij te wonen. Witner zal dus hebben moeten dokken om die 'zeer beleefde uitnodiging' voor een plaatsje op de eerste rij bij de executie te mogen ontvangen

Op een dag, of liever gezegd tijdens een lange nacht, heeft Monsieur Henri al gokkend de guillotine verpatst, in onderpand gegeven toen hij geen centime meer op zak had. Toen er een executie moest plaatsvinden, kon de beul niet over zijn instrument beschikken. Hem restte niets anders dan de stand van zaken op te biechten. Het ministerie van Justitie betaalde de speelschuld van achtendertighonderd toenmalige francs en Monsieur Henri werd ontslagen, op 18 maart 1847. Het oneervolle einde van een legendarische beulendynastie.

Aan het eind van de eeuw werd de executieplek weer verplaatst, nu naar de muur van de Santé-gevangenis op boulevard Arago, zoals onder meer blijkt uit *Dood op krediet* van Céline als hij, Ferdinand, een heftige woordenwisseling heeft met de twijfelachtige uitvinder Courtial:

De jeugd van tegenwoordig is van moordlust bezeten. Dat loopt uit op de boulevard Arago, Ferdinand. Onherroepelijk! Kap op het hoofd, vriendje! Kap op het hoofd! Wee mij! Genadige hemel! En dan zou ik het nog hebben gedaan...!

Dood op krediet kun je met een beetje goede wil ook lezen als een gids van Parijs. Céline doorkruist de stad van hot naar haar, noemt de straatnamen en de metrostations. Frans van Woerden, de Nederlandse vertaler, betrapt hem hier en daar op dichterlijke vrijheden van geografische aard. Verderop komen we hem nog tegen, de meridiaan kruist zijn kinderjaren met de medaillons 109 en 110.

[Route]

No. 22: Vanaf place Saint-Jacques richting rue du Faubourg-Saint-Jacques lopen. Het plaatje ligt recht voor huisnummer 81. Loop deze straat verder door.

No. 23: Het eerste pleintje dat u tegenkomt, heet place de l'Ile de Seine. Hier lag het plaatje naast een groene glasbak die er ook niet meer is.

No. 24: Enkele meters verder, rechts, iets voorbij het keldertrapje van de gemeentereiniging.

No. 25: Tien meter verder en tien meter voor het lege voetstuk, ligt het plaatje. Op deze sokkel stond eens het fiere beeld van François Arago. In 1893 werd het beeld onthuld, maar die Arago werd door de Duitsers omgesmolten. Het voetstuk is sinds de Tweede Wereldoorlog leeg. Het is nu opgenomen in het nieuwe monument voor Arago. Het is moeilijk leesbaar, maar onderaan het voetstuk staat vermeld dat het monument in medaillons een opdracht was van de Franse overheid aan Jan Dibbets en het jaartal, 1994, geeft aan wanneer het werk werd opgeleverd.

No. 26: Het enige plaatje dat verticaal is aangebracht, op de zijkant van de sokkel.

No. 27: Omlopen naar de straatkant, boulevard Arago.

Boulevard Arago

Voordat u oversteekt, is het de moeite waard de boulevard naar rechts af te lopen. Om te beginnen vanwege de hoge muur van de Santé-gevangenis die crimineel, literair en cinematografisch gezien zeker erkenning verdient als lieu de *mémoire*. In talloze Franse romans en films speelt La Santé een rol. Beroemde criminelen hebben hier opgesloten gezeten. Twee ontvoerders van Alfred Heineken bijvoorbeeld die weinig te spreken waren over het comfort van de deze historische accommodatie. Nog iets verder, op nummer 65, is de ingang van cité Fleurie. Talloze kunstenaars hebben hier gewoond en gewerkt, zoals Picasso, Henry Moore, César Domela (zoon van de beroemde Domela Nieuwenhuis, de dominee en anarchist, die wegens vermeende majesteitsschennis in een andere gevangenis zakjes plakken moest) en nu nog Mark Brusse, zoon van de schrijver M.J. Brusse (Boefje) en broer van de journalist Peter Brusse. Veel beroemder was destijds zijn halfbroer Jan Brusse dankzij zijn radiokronieken onder de titel *Paris vous parle* en later zijn tv-rubriek over allerhande Franse rariteiten. Mark Brusse (vanaf 1961 met enkele onderbrekingen woonachtig in Parijs) is een veelzijdige kunstenaar, maakt objecten, schildert en schrijft. Hij exposeerde in het Stedelijk Museum in Amsterdam, op de Biënnale in Venetië en maakte een twaalf meter hoge sculptuur voor het Olympische park in Seoul (1988). Sindsdien verdeelt Brusse zijn tijd tussen de Franse hoofdstad en het Verre Oosten. De kunstcriticus Pierre Restany, ideoloog van het nieuwe realisme, beschrijft hem als *schepper van vreemde, buitenissige voorwerpen, aanbeden dwaallichten*. Hij beschouwt hem vandaag de dag als *de grootste sjamaan van alle Peter Pans van de Altaïsche wereld achter de Oeral. Brusse fascineert steeds meer door de subtiele geestelijke boodschap die hij uitdraagt. Langzaam maar zeker vervolgt hij zijn weg naar de onsterfelijkheid van Yves Klein waar hij ongetwijfeld enkele vrienden zal tegenkomen, Jean Tinguely om te beginnen.*

Nog iets verder naar beneden, op nummer 53, hoek rue de la Glacière, is een café-tabac, Arago geheten, met een muurschildering die aan de astronoom is gewijd. De inrichting is authentiek en ongewijzigd 'jaren vijftig'. Uit die periode dateert ook de wilde schildering van ene A. Sauvage. In het midden troont François Arago met zijn hand op de wereldbol, in zijn voeten houdt hij een telescoop en sextant. Hij wordt omgeven door sterrenbeelden – stier, kreeft, tweeling – en achter hem rijdt de mythologische figuur Phaëthon met de zonnewagen voorbij op weg naar zijn noodlot. Phaëthon, zoon van de zonnegod Helius en Clymene, dochter van een zeegod, mocht één dag met de zonnewagen op stap om z'n afkomst van de zon te bewijzen. Maar hij kon de paarden niet in bedwang houden met als gevolg dat de aarde begon te schroeien. Een soort broeikaseffect waaraan volgens de dichter Ovidius in de vertaling van M. d'Hane-Scheltema op de volgende expeditieve wijze een einde werd gemaakt.

Ook de aarde brandt, althans de hoogste toppen,
de grond splijt scheurend open, dor, omdat het vocht verdampt,
grasvlakten worden as, geboomte vlamt met loof en al,
het droge veldgewas zorgt brandend voor zijn eigen brandstof.
Grote steden gaan met muur en al teloor;
het vuur doet landen met hun volken geheel tot as vergaan;
bergen met bossen branden kaal.
De Athos brandt, de Taurus, ook de Cilix en de Tmolus,
de Edna brandt hoog op door dubbel vuur.

Teruglopen naar de sokkel en dan oversteken.

No 28: Lag enkele tientallen centimeters van de stoeprand voor het hek van de tuin van het Observatoire. Is dus ook verdwenen.

No. 29: Een meter verder, vlak voor het hek.

No. 30: Moet in de tuin liggen, maar was voor mij onvindbaar. Trouwens de tuin (Jardin de l'Observatoire) is alleen open van 1 april tot 1 september (13-19 uur) en van 1 september tot 15 oktober (13-18 uur).

No. 31: Ligt vlak voor de tuintrap richting Observatoire.

No. 32: Iets verder van de tuintrap.

No. 33: In het daaropvolgende laantje.

No. 34: In hetzelfde laantje.

No. 35: Ook in het laantje.

No. 36: Vlak voor het bordes.

No. 37: Midden op het bordes.

No. 38: Binnen in het Observatoire.

No. 39: Ook binnen in het Observatoire. We mochten bij uitzondering even doorsteken en de geur opsnuiven van drie eeuwen boenwas op het krakende parket.

Omdat het Observatoire nog altijd een wetenschappelijk instituut is en geen museum, is bezoek slechts één keer per maand mogelijk en omdat velen hier naar binnen willen, zijn er lange wachtlijsten. Er hangt de heilige stilte van studie en wetenschap. Er is geen mens te zien. Een bezoek aan de Salle du Méridien, de Meridiaanzaal, moeten we dus ontberen, terwijl hier het monument van Dibbets met champagne werd ingewijd, naast een koperen staaf, het symbool van de lengtecirkel die hier precies op maat hoort te liggen. De anders denkbeeldige meridiaan is hier gematerialiseerd.

No. 40: Ligt aan de andere kant van het gebouw, pal voor de hoofdingang. Onzichtbaar als het hek gesloten is.

No. 41: Vanachter het hek zichtbaar. Van daar gezien – nu dus bij uitzondering met de rug naar het noorden – rechts van de uiterste punt van de hefboom.

No. 42: Neus weer noordwaarts. Twaalf grote stappen (meters) verder, iets links van het midden van de straat (avenue de l'Observatoire).

No. 43: Op de stoep links, ter hoogte van de derde boom. Plaatje onvindbaar. Zoals een briefschrijver signaleert: *De stoep is op 2 juli 1996 opnieuw geasfalteerd. Nooit geweten dat er op alle Parijse stoepen een stempel te vinden is met de 'asfaltdatum'. Als je erop gaat letten, word je er bijna geestelijk gestoord van.* Ja, Parijs is een stad vol gevaar.

No. 44: Op de hoek met de avenue Denfert-Rochereau, schuin rechts van het standbeeld van Théophile Roussel (1806-1903), vlakbij de rechter oversteekplaats. Théophile Roussel was republikeins afgevaardigde in de Kamer. Hij werd bekend als pionier van de kinderbescherming door de Wet-Roussel (1874) die aan de jongsten bescherming bood. Steek nu eerst de avenue Denfert-Rochereau over en ga vervolgens rechtsaf boulevard du Montparnasse over om uit te komen bij de Closerie des Lilas.

Closerie des Lilas

De Closerie des Lilas is een bar-restaurant die nog altijd beschouwd wordt als het trefpunt van de intellectuele en literaire happy few. Vanaf het einde van de negentiende eeuw tot na de Eerste Wereldoorlog was de Closerie een eenvoudige *ginguette*, een uitspanning met kroeg, een simpel restaurant met een tuin waar 's zondags gedanst werd. Ongetwijfeld op de muziek van een accordeon, de *Stradivarius des pauvres*, zoals men zegt.

Het verhaal wil dat de dichter Verlaine de eerste *célébrité* was die hier af en toe een consumptie genoot. Met dat soort beweringen moet je uitkijken, want nergens is dergelijke legendevorming zo groot als in de horecasector. Trotski en Lenin zouden hier vele lange middagen hebben geschaakt. Omdat ze arm waren, gebruikten ze weinig en de baas beklaagde zich dan dat er weer *niemand* was geweest behalve dan die twee miserabele Russen.

In de jaren twintig mochten surrealisten als de toneelschrijver Alfred Jarry (*Le roi Ubu*) of de cineast Luis Buñuel hier graag komen. Er wordt verteld dat er nog eens heftig gevochten is, toen een discussie over de vraag of je na de recente wereldoorlog wel of niet met een Duitse kon trouwen ietwat uit de hand liep. Met de opkomst van even bekende gelegenheden als Le Dôme en La Coupole werd het een tijdje rustig in de Closerie tot genoegen van Ernest Hemingway die zich vlak om de hoek had gevestigd op nummer 112 van rue Notre-Dame-des-Champs. In de stille uren ging hij hier graag zitten schrijven en lezen. Hij en andere beroemdheden worden herdacht met op naam gestelde koperen plaatjes die op hun veronderstelde vaste plek aan de bar zijn geschroefd. Arago-monumentjes avant la lettre.

Maarschalk Michel Ney

Om de hoek bij de Closerie, op place Camille Jullian, staat een fors standbeeld van maarschalk Michel Ney, hertog van Elchingen en prins van de Moskova, een titel die hij te danken had aan zijn glorieuze optreden bij de slag aan de Moskova en vooral tijdens de terugtocht uit Rusland.
Nadat de keizer uit Elba was ontsnapt, werd Ney geacht hem tegen te houden en te arresteren, maar hij liep over en vocht mee tijdens de zogenoemde 'Honderd Dagen', die tot de slag van Waterloo en het herstel van de oude monarchie, de tweede Restauratie, zou leiden.
Arago keerde zich op z'n zachtst gezegd niet tegen Napoleon en daarom ontnam de in eer herstelde monarchie hem zijn *Légion d'Honneur.* Maarschalk Ney werd wegens hoogverraad ter dood veroordeeld. Op een kille, mistige decemberochtend van 1815 werd hij naar het laantje vlak voor het Observatoire gebracht om de inmiddels in de vlakte van Grenelle (nu een boulevard met bovengrondse metro) samengestroomde menigte te ontwijken. Vlak voor de deur van Arago werd Napoleons verloren soldaat gefusilleerd. Maar hij kreeg een standbeeld in 1853, een jaar nadat Napoleon III tot keizer was gekroond.
Ernest Hemingway herinnert zich de oud-maarschalk, 'zijn vriend', in het hoofdstuk 'Une génération perdue' in *A Moveable Feast*, na een ruzieachtig gesprek met de auteur en kunstverzamelaar Gertrud Stein over de vraag of alle jonge mannen die de Eerste Wereldoorlog aan den lijve hebben meegemaakt tot 'een verloren generatie' behoren.

Then as I was getting up to the Closerie des Lilas with the light on my old friend, the statue of Marshal Ney with his sword out and the shadows of the trees on the bronze, and he alone there and nobody behind him and what a fiasco he'd made of Waterloo, I thought that all generations were lost by something and always had been and always would be and I stopped at the Lilas to keep the statue company and drank a cold beer before going home to the flat over the sawmill.

No. 45: Twee meter voor de oversteekplaats van rue d'Assas, hoek place Camille Jullian. Eén meter voor de stoeprand rechts.

No. 46: Op de hoek van rue d'Assas en avenue de l'Observatoire, vier meter voor de parkeermeter.

No. 47: Oversteken naar het parkje. Pakweg twintig meter verder lopen langs het hek en het hegje van het park met de barokke Marco Polo-fontein. Lag op één meter van de stoeprand. Ik kon die zondag in de stromende regen niets anders dan een kleine catastrofe constateren. Het parkje, eveneens naar het Observatoire vernoemd, is helemaal vernieuwd. Nieuw grind, andere planten, heg weg. En dat blijkt een verwoestend effect te hebben gehad. Adieu Arago. Een meter van de plek van dit verdwenen plaatje staat overigens wel een zuiltje van *La méridienne verte*.

No. 48: Lag in het park, schuin links voorbij de fontein, anderhalve meter voor de meest linkse bank. Daar is het ronde gat van de medaillon nog zichtbaar.

No. 49: Maar dan. Rechts van de tweede pingpongtafel, een halve meter rechts van het beton in het zand. Weg. Spoorloos.

No. 50: Lag ter hoogte van de rue des Chartreux drie meter van een gat in de heg. Maar zoals gezegd, de heg is weg en dus er ook geen gat meer. Maakt trouwens niks uit. Het plaatje is foetsie. En dan te bedenken dat we nog wel enige fiducie hadden in de plantsoenendienst.

No. 51: Linkerhoek van rue Michelet die de tuin

kruist. Plek zichtbaar maar plaatje weg. Weer een student?

No. 52: Schuin tegenover huisnummer 4 van avenue de l'Observatoire voor een van de toegangshekken van het parkje. Idem.

No. 53: Schuin tegenover nummer 2. Daar lag ie ooit.

De verloren eer van Mitterrand

Op basis van de getuigenissen van de betrokkene zelf moet zich precies hier, aan de rechterzijde van de Jardin de l'Observatoire, het welhaast tragikomische drama hebben afgespeeld dat François Mitterrand bijna z'n politieke carrière heeft gekost. Als de latere president een reputatie van slinks, sluw en zelfs leugenachtig politicus aangemeten heeft gekregen, is dat in ruime mate het gevolg van wat in de geschiedenis bekendstaat als '*L'Affaire de l'Observatoire*'.

We schrijven oktober 1959. De Gaulle is sinds 1958 weer aan de macht. De impotente Vierde Republiek*, tijdens welke Mitterrand menigmaal minister was, onder meer van Justitie en Binnenlandse Zaken, was niet bestand gebleken

* Frankrijk nummert de republieken om goed aan te geven dat er steeds van een nieuw bewind en vooral ook een nieuwe grondwet sprake is.
De Eerste Republiek werd uitgeroepen op 21 september 1792, na de val van Lodewijk XVI. Deze republiek duurde tot 1804, toen het keizerrijk door Napoleon Bonaparte werd uitgeroepen.
De Tweede Republiek duurde van 25 februari 1848 tot 2 december 1852. Het was de republiek waarvan Arago zesenveertig dagen lang staatshoofd was. Daarna werd er opnieuw een keizerrijk uitgeroepen, het zogenoemde Second Empire (het Tweede Keizerrijk) onder Napoleon III.
De Derde Republiek duurde van 4 september 1870 (Napoleon III verliest de slag bij Sedan tegen de Pruisen) tot 10 juli 1940, de Duitse invasie en het collaborateursbewind van Vichy onder maarschalk Philippe Pétain.
De Vierde Republiek was van 3 juni 1944 tot 4 oktober 1958, als door de Algerijnse crisis een beroep op Charles De Gaulle wordt gedaan. Hij eist invoering van een totaal vernieuwde grondwet.
De Vijfde Republiek dateert dus van 4 oktober 1958 en duurt nog steeds voort, ook al wordt er met enige regelmaat geopperd dat het misschien wel tijd is voor een Zesde Republiek waarbij de verhouding tussen president en parlement beter is geregeld. De presidentiële ambtstermijn is trouwens al teruggebracht van zeven tot vijf jaar. De grondwet van '58, die in september van dat jaar per referendum werd aanvaard, was De Gaulle op het lijf geschreven, zoals men zei. Hij wilde macht, met de uitgebreide grondwettelijke bevoegdheden kreeg hij de macht. Bijna alle macht zolang hij maar een meerderheid had in het parlement. En die had hij. De grootste kritikaster van die grondwet, François Mitterrand, bracht nauwelijks enige wijzigingen aan, gedroeg zich vaak zeer 'gaulliaans' en hield het veertien jaar vol, wat van hem presidentieel recordhouder maakt. Jacques Chirac zal hem dat moeilijk kunnen nadoen, want hij is weliswaar na zeven jaar herkozen maar voor een tot vijf jaar verkorte termijn.

tegen de Algerijnse crisis. Door een complot, zegt men, van voorstanders van een Frans Algerije en in het Franse leger ter plaatse, gevoed door de getrouwen van de generaal, zou het oude regime de nek zijn omgedraaid.
Hoe het ook zij, de oorlog in Algerije gaat door en de vrees dat Parijs zich uiteindelijk uit de kolonie zal terugtrekken brengt allerlei fanatieke, fascistoïde groepjes in beweging. Ene Jean-Marie Le Pen is ook dan al actief. De gaullistische regering heeft de neiging om met verklaarde tegenstanders als Mitterrand te willen afrekenen. Het politieke klimaat is uiterst gespannen en ongezond. Het gonst van geruchten over aanslagen en complotten. Mitterrand krijgt te horen dat hij wordt bedreigd.
Hij verneemt de dreigementen uit de mond van Robert Pesquet, een *poujadist* zoals de ultrarechtse demagogen van toen genoemd werden, kamerlid ondanks strafrechterlijke vervolging wegens oplichting. Dat laatste schijnt Mitterrand overigens niet te hebben geweten. Pesquet zei hem te willen waarschuwen omdat hij ondanks hun politieke meningsverschillen waardering had voor de persoon Mitterrand. Gedurende een dag of tien voert Pesquet de druk op. Elke dag komt hij met nieuwe details; het moment van ontknoping komt nader, weet hij te melden. Mitterrand, die aanvankelijk nogal twijfelt aan het verhaal, begint gaandeweg onzeker te worden, vooral als er in die dagen een artikel van een vooraanstaand gaullistisch kamerlid in de kranten verschijnt met een oproep tot uiterste paraatheid want 'het drama is misschien voor morgen. Moordcommando's zijn de Spaanse grens gepasseerd, een lijst van te elimineren persoonlijkheden is vastgesteld.'
Mitterrand maakt een cruciale fout. Hij gaat niet naar de politie. Zelfs zijn vrienden brengt hij niet op de hoogte. Dat eerste is wel begrijpelijk. De Franse politie laat zich tot op de dag van vandaag voor politieke besognes gebruiken en in het klimaat van toen was er voor Mitterrand alle reden om

op dat punt achterdochtig te zijn. Politiebewaking zou betekenen dat zijn politieke tegenstanders permanent van zijn doen en laten op de hoogte zouden zijn.
Het is 15 oktober 1959, de psychologische conditionering van Mitterrand is voltooid. Hij heeft Pesquet nog weer in de gangen van de Senaat ontmoet en deze heeft hem gezegd dat de aanslag elk moment kan plaatsvinden. Als hij iets verdachts zou merken, zou hij niet naar huis moeten gaan. In zijn straat zou hij geen enkele dekking kunnen vinden, hij zou zich dan beter in de struiken van de Jardin de l'Observatoire kunnen verbergen. De 43-jarige politicus, ooit de jongste minister in de geschiedenis van de republiek, krijgt het op z'n zenuwen. Voor alle zekerheid gaat hij zelf z'n zoon van school halen en dineert die avond bij zijn intieme vriend Georges Dayan.
Als hij om elf uur 's avonds naar huis gaat, maakt hij een omweg langs de beroemde Brasserie Lipp, waar hij stamgast is en vagelijk met Pesquet heeft afgesproken voor het eventuele laatste nieuws. Pesquet is er niet. Mitterrand stapt weer in zijn Peugeot 403 en neemt rue de Seine. 'Een auto probeerde me klem te rijden,' aldus Mitterrand vijftien jaar later tegen zijn biograaf Franz-Olivier Giesbert. 'Ik begon op te letten. Verderop in rue de Tournon, vlak voor de Senaat (zie ook tussen plaatje 75 en 76), merkte ik dat ik door dezelfde auto gevolgd werd. In plaats van rechts af te slaan naar mijn straat (rue Guynemer), sloeg ik links af rue de Médicis in. Op square de Médicis probeerde de auto me een tweede keer klem te rijden. Ik twijfelde niet meer, gaf vol gas en kon op de boulevard Saint-Michel enige voorsprong nemen. Ik sloeg plotseling rechts af rue Auguste Comte (plaatje 54) in, sprong uit m'n auto bij de Jardin de l'Observatoire, rende de tuin in en dook op de grond.' Het is kwart voor één 's nachts, een auto remt met gierende banden, er klinken negen mitrailleurschoten, de auto van Mitterrand blijkt later met evenveel kogels te zijn doorboord.

Terwijl blijken van medeleven en solidariteit nog volop toestromen, oud-premier Pierre Mendès-France en de communist Jacques Duclos oproepen tot 'mobilisatie' tegen het fascisme, geeft Robert Pesquet op 22 oktober een persconferentie waarin hij onthult dat hij de 'zogenaamde' aanslag had gepleegd op verzoek van Mitterrand zélf met de bedoeling om de politiek te manipuleren, 'om huiszoekingen in extreem-rechtse kringen te veroorzaken' en zijn politieke rivaal Mendès 'in de gunst van de publieke opinie te verslaan.'
De affaire heeft enorme repercussies. Van het ene op het andere moment is Mitterrand de risee, zijn politieke 'vrienden', de socialist Guy Mollet voorop, laten hem vallen als een baksteen. De Senaat ontneemt Mitterrand zijn parlementaire immuniteit en hij wordt aangeklaagd wegens 'belediging van een rechterlijke ambtenaar', omdat hij de politie 'tot een nutteloos onderzoek had aangezet terwijl hij een essentieel gegeven achterhield.'
Van een proces is het nooit gekomen, de aanklacht rammelde en Mitterrand had inmiddels een politiek tegenoffensief ingezet dat z'n vruchten afwierp. Want ook hij wist zo het een en ander over zijn politieke tegenstanders en met name van de gaullistische eerste minister Michel Debré. Bovendien onthulde oud-premier Bourgès-Maunoury dat Pesquet ook hem had proberen te manipuleren. Het is vooral het toen zo militante weekblad *l'Express* van Jean-Jacques Servan-Schreiber en Françoise Giroud dat het voor Mitterrand opneemt met steun van een beroemde en onverdachte columnist, ook al was hij een vriend van de familie. Het is bij die gelegenheid dat François Mauriac, in zijn *Bloc-Notes* van 20 november 1959, de beroemde zin schreef die bij het afscheid van Mitterrand als president in alle kranten werd geciteerd. Waarin hij hem omschreef als een kind dat 'zichzelf pijn deed, zozeer kneep hij zijn vuisten samen in het verlangen het leven te beheersen.'
Jaren later heeft Robert Pesquet toegegeven dat hij zich aan

manipulatie schuldig had gemaakt. Als oud-minister van Justitie en Binnenlandse Zaken in de periode van de oorlog in Algerije en zelf dus ook geen doetje (*'l'Algérie, c'est la France'*, zei hij toen nog) beschikte Mitterrand ongetwijfeld over gegevens die voor sommige vooraanstaande gaullisten, zoals Debré, compromitterend waren. Mitterrand was ondanks alles een hervormer, Michel Debré was fanatiek pro *Algérie française* en vreesde, in de woorden van Pesquet, 'dat een oppositieleider met kennis van bepaalde gevoelige dossiers het beleid ten aanzien van Algerije in gevaar kon brengen. Die oppositieleider was Mitterrand. Om hem het ondernemen van actie onmogelijk te maken, moest hij worden gediscrediteerd, moreel geëxecuteerd.'

De in Frankrijk zeer gerespecteerde biograaf Jean Lacouture is met Giesbert van mening dat Pesquet op dit punt in ieder geval de waarheid sprak. Mitterrand wist te veel en moest dus worden *kalt gestellt*, zo niet fysiek dan toch politiek.

Velen in Frankrijk hebben nooit willen geloven dat Mitterrand in deze affaire helemaal vrijuit ging. Deels had hij dat ook aan zichzelf te danken, omdat hij de politie en zelfs zijn vrienden erbuiten hield. Een paar jaar later, in 1963, verscheen *Le Coup d'Etat Permanent*, de permanente staatsgreep, een fel pamflet waarin de latere president zich ontpopte als een getalenteerde schrijver en een onverzoenlijke anti-gaullist. Begrijpelijk na deze affaire. En wat moet die eerste dag in 1981 op het Elysée-paleis niet de zoete smaak van wraak hebben gehad.

[Route]

No. 54: rue Auguste Comte oversteken, bij de stoeprand voor de ingang van de Jardin du Luxembourg.

No. 55: Begin van een hele rits achter elkaar. Om te beginnen één meter na de ingang.

No. 56: Dertig meter verder op het geasfalteerde pad.

No. 57: Op hetzelfde pad, acht meter verder.

No. 58: Was er ooit eveneens acht meter verder maar blijkt nu onvindbaar. Zestig meter verder aan de linker kant ligt wel een plaatje van de Méridienne Verte.

No. 59: Links van de geasfalteerde kruising.

No. 60: In het schuin naar links lopende laantje langs het speeltuintje. Links ervan houden vriendelijke dames salon. Achtereenvolgens treffen we daar Laure de Noves (1307-1348), Marie de Médicis (1573-1642), Marguerite d'Angoulème (1492-1549) en Valentine de Milan, hertogin van Orléans (1370-1408). En als de dames hier een standbeeldje hebben, is het ongetwijfeld omdat ze ieder voor zich het een en ander op hun kerfstok hebben.

Marie de Médicis

Marie de Médicis (1573-1642) heeft in de harten van de Fransen een warm plekje. Als ontaarde moeder, als een koninklijke mama, die het tot tweemaal toe op een gewapend conflict met haar zoon Lodewijk XIII liet aankomen. Een vrouw met de naam van een Florentijns geslacht dat om gifmengerij bekendstaat, maar dat kwam door de vroegere koningin Catherine die van een andere tak was.
Marie was in Florence geboren en trouwde in 1600 met Hendrik IV, een protestant uit het zuiden die eerder voor de vorm met Marguerite de Valois (zie ook La reine Margot) getrouwd was. Marie de Médicis was dus koningin van Frankrijk sinds haar huwelijk en toen Henri IV in 1610 werd vermoord, liet ze zich tot regentes benoemen, omdat de kroonprins, de latere koning Lodewijk XIII, pas negen jaar was. Als regentes wordt zij omschreven als iemand met een beperkte intelligentie waar het om politieke zaken ging. Haar verlangen naar macht was des te groter. In tegenstelling tot haar man, die het voor de protestanten zo gunstige Edict van Nantes uitriep, koos zij de kant van de meest fanatieke katholieken en zocht zij steun bij Spanje.
Zoals gezegd, het was een aardige familie. Met dat typisch Franse gevoel voor drama, machtsverhoudingen, bloedvergieten. Pa was vermoord nadat hij al eerder ternauwernood aan de slachtpartij van de Bartholomeusnacht ontkomen was. Toen de kroonprins meerderjarig werd, weigerde moeder haar positie van regentes af te staan. Haar beleid stuitte op meer en meer tegenstand en dat gaf haar zoon met inzicht in machtsverhoudingen de gelegenheid haar vertrouweling Concini – kwade genius, zal hij gedacht hebben – te laten vermoorden. Hij stuurde mama als bannelinge naar Blois met z'n grote, trieste kasteel; hetzelfde plaatsje dus waar de voormalige minister van Cultuur Jack Lang burgemeester was (hij werd bij de laatste gemeenteraadsverkiezingen in

2001 verslagen) en met de kathedraal waarvoor Jan Dibbets gebrandschilderde ramen ontwierp. Met Marie de Médicis reist ook kardinaal de Richelieu naar Blois als 's moeders nieuwe adviseur.
Richelieu weet moeder en zoon te verzoenen, waarmee hij vooral zijn eigen positie aan de top van het koninkrijk veilig stelt en een groot fortuin vergaart volgens het toen alom aanvaarde systeem van actieve corruptie dat nu moreel zo ongepast wordt geacht. Maar echt goed komt het nooit meer tussen *maman* en haar koninklijke zoon. Nu is ze weer jaloers, omdat de kardinaal zoveel invloed op de koning heeft en dus probeert ze andermaal een coup. Dat loopt op een slechte dag ernstig mis, de voormalige regentes heeft zich zozeer op de situatie van die dag verkeken, dat men spreekt van de *Journée des Dupes*, ze was de dupe geworden van haar eigen opzetje.
Lodewijk XIII stuurt haar naar Compiègne, zij vlucht naar het buitenland. Moederlijke beden om naar Parijs te mogen terugkeren worden botweg genegeerd, Marie de Médicis overlijdt in 1642 in Keulen.
Op het toppunt van haar macht liet zij het voorliggende Palais du Luxembourg bouwen en Rubens kreeg opdracht om de zalen te versieren met enorme doeken die nu in het Louvre hangen.

[Route]

No. 61: Niet geplaatst.
No. 62: Ook niet geplaatst.
No. 63: Rechtdoor lopen, rechts een cementen vlak bo-
No. 64: ven aan de trap naar de lager gelegen tuin.
No. 65: Daar liggen drie Arago-plaatjes achter elkaar. Tot nummer 74 ontbreken de andere nummers, ook in de papieren. Ambtelijke telling kennelijk. Nu de trap af. Links af langs de vijver, richting paleis.

No. 74: Tien meter links van het als doorzichtig bedoelde polyester wachthokje op de hoek van het monumentale Senaatsgebouw, vlakbij het hek.

Luxembourg Hilton

De jardin du Luxembourg, *Le Luxembourg* zoals de Parijzenaars kortweg zeggen, is een van de meest Parijse van de Parijse plekken. Het park met een oppervlakte van drieëntwintig hectare wordt ook wel 'tuin der dichters' genoemd. Verlaine en Rilke verbleven er graag, de kleine Charles Baudelaire wandelde er aan de hand van zijn chique papa en Théophile Gautier schijnt enige verbazing te hebben gewekt toen hij er een wandeling maakte met een kreeft aan een blauw lint. Datzelfde verhaal wordt overigens ook verteld van zijn collega Gérard de Nerval. Céline kwam er ook, getuige *Dood op krediet*. De jonge Franse cinéma, de *Nouvelle Vague* van Jean-Luc Godard, Claude Chabrol, Jacques Rivette of Louis Malle filmden er. Kort na de brutale studentenopstand van mei 1968 was de toegang voor jonge mannen met lang haar enige tijd verboden. Dichters zijn gevaarlijk, '*il faut les exécuter*' zong Guy Béart, overgrootvader van het Franse chanson. Voor toekomstige poëten, de Parijse kindertjes, is er het marionettentheater dat evenveel bekendheid geniet als dat andere in Le Luxembourg.

Het Palais du Luxembourg, genoemd naar het aanpalende Luxemburghuis, het tegenwoordige Petit Luxembourg, de vleugel aan de linkerzijde, werd vanaf 1615 gebouwd in opdracht van Marie de Médicis die zich een woning wenste die haar het Florentijnse Pitti-paleis van haar jeugd in herinnering bracht. De gouden koepel, de vierde van Parijs, moest de macht en grandeur van de regentes benadrukken. De toenmalige koningin was zo weinig geliefd dat men in Parijs altijd systematisch geweigerd heeft om het gebouw met haar naam aan te duiden zoals elders vaak wel de gewoonte is.

Nadat opvolgers en hun familieleden het paleis met de omliggende tuin bijna twee eeuwen hadden bewoond, maakte de Revolutie er in 1793, tijdens *La Terreur*, het schrikbewind, een gevangenis van, eufemistisch aangeduid als Maison

Nationale de Sûreté, landelijke instelling voor veiligheid.
Het was een gevangenis voor de happy few voorzover die term in dit geval opgaat. Er waren voornamelijk aristocraten ondergebracht, maar ook voormannen van de Revolutie die gaandeweg de neiging hadden om elkaar naar het schavot te brengen. Reeds in ongenade gevallen revolutionaire leiders als Hébert, Danton en Camille Desmoulins verbleven er voor ze onder het mes genomen werden. Zelfs David, die men als de semi-officiële schilder van de Revolutie ook wel de 'lofzanger van het schrikbewind' noemt, zat er een tijdje gevangen op verdenking van anti-revolutionaire activiteiten en begon er maar vast aan zijn beroemde schilderij *Les Sabines* (Louvre). David is vooral bekend door het schilderij van de moord op Marat, die vanwege een buitengewoon onsmakelijk ogend eczeem dagelijks urenlang in een zwavelbad zat terwijl zijn hoofd (goed op het schilderij te zien) met azijncompressen was omwikkeld. Als lid van het Comité van algemene veiligheid stuurde ook David menigeen naar het schavot om daar vervolgens dan weer een schets van te maken.
De wanhopige omstandigheden in aanmerking genomen, ging het in het Luxembourg vrolijk toe. Huisbedienden of traiteurs mochten eten brengen, er werd gedeclameerd en muziek gemaakt. *La dernière lettre* van Olivier Blanc, een boek over het wel en wee in de revolutionaire gevangenissen met vaak pathetische afscheidsbrieven van ter dood veroordeelden, getuigt daarvan. Blanc laat een anonieme gevangene aan het woord. Hij meldt dat het 'amusant' is om te zien hoe

in een aftandse fiacre worden binnengebracht: twee markiezen, een hertogin, een markiezin, een graaf, een pastoor en twee gravinnen die flauw vallen als ze de trap af moeten en migraine hebben als ze de trap op moeten. In dezelfde gang logeren Monsieur de la Ferté, Monsieur le duc de Lévi, Monsieur le marquis de Fleury, Monsieur le comte de Mirepoix. Elke ochtend als ze opstaan wapenen ze zich met hun verrekijker om met genoegen te kunnen constateren dat hun herenhuizen in rue de l'Université niet van plaats veranderd zijn. De gevangenen delen met tien of twaalf man een kamer. Ze hebben allemaal een veldbed en een matrasje. Er zijn er die zelf koken en een schapenbout voor het raam hangen om medelijden te wekken, anderen laten zich eten bezorgen door de eeuwige traiteur Coste. De rijken helpen de armen, iedereen verbroedert.

Alles had overigens z'n prijs, voor meer comfort moest worden betaald. Mannen en vrouwen mochten elkaar overdag ontmoeten, maar wie geld had om de bewakers om te kopen, had kans om ook de nacht door te brengen met de geliefde van zijn of haar keuze. Liefde in de meest lichamelijke zin van het woord had zijn nut: zwangere vrouwen kregen uitstel van executie. Voor de vrouwelijke gevangenen die er nog iets mee konden, was zaad een gewild product.

'De libertinage was echter ook een kwestie van tijdverdrijf,' vervolgt Olivier Blanc. Hij vertelt een anekdote over Madame d'Ormesson die toentertijd tot hilariteit leidde. Ze stond bekend als iemand die zonder meer gretig was als het om de zaken des vlezes ging en werd op een gegeven moment achter een kamerscherm betrapt met een jeugdige gevangenisbewaarder in een positie die niets aan de verbeelding overliet. Ze probeerde er nog een verkrachting van te maken, maar dat werd toen nog niet zo geloofd. Het hoofd van de politie Marino riep alle vrouwen in het Luxembourg, met inbegrip van de bejaarde douairières met lorgnet, bijeen en riep: 'Weten jullie wel wat men buiten zegt? Dat het Luxembourg het grootste bordeel van Parijs is. Dat jullie een stel hoeren zijn en wij de souteneurs.' De mannen en vrouwen werden gescheiden. Het was afgelopen met de escapades. Daar kwam het revolutionaire bewind ondanks klachten en protesten niet meer op terug.

Een andere gevangene schetst een wat minder idyllisch beeld: 'Meestal hield de adel zich afzijdig en bemoeide zich weinig met de burgers uit de andere delen van Parijs. De meesten kwamen uit de buurt, rue de l'Université, de Grenelle en Saint-Dominique, en handhaafden streng de etiquette. Men sprak elkaar aan met meneer de prins, meneer de hertog, meneer de graaf en meneer de markies. Men deed dat met ernst en men ruziede over de vraag wie voor moest gaan of het eerste een visite brengen zou.' Luxembourg Hilton.

Bezoekjes over en weer die overigens als 'verdachte bijeenkomsten van aristocraten' aan de buitenwacht werden gemeld. Op grond van een rapport van de volkscommissaris Herman over de vermeende agitatie, vreesden de autoriteiten, vereend in het Comité de Salut Public, dat de bevolking het heft in eigen hand zou nemen en de gevangenen zelf zou uitmoorden. Daarom werd besloten dat de gevangenen die 'tot revolte hadden aangezet' en 'de gisting hadden opgejut' binnen vierentwintig uur terecht zouden moeten staan. Herman zag z'n kans schoon en liet nog dezelfde nacht honderdzevenenvijftig gevangenen voor het revolutionaire tribunaal verschijnen.

Verklikkers en valse getuigen spraken van een groot complot dat onder meer de bevrijding van de ook al gearresteerde Danton en Camille Desmoulins (de man die aan de vooravond van 14 juli 1789 opriep om de Bastille in te nemen) ten doel had. Achtenveertig uur later werden de eerste veroordeelden op basis van de valse beschuldigingen onthoofd. In drie dagen tijd werden er van de honderdzevenenvijftig gevangenen honderdzesenveertig geëxecuteerd. Onder hen was het gezin Tardieu de Maleyssie, bestaande uit man, vrouw en twee dochters. De jongste had kennelijk door een vergissing haar executiebevel niet gekregen, maar wilde niet alleen achterblijven. Dat kon, de Revolutie wilde graag ruimhartig zijn.

In 1815 werd hier nog de eerder genoemde maarschalk Ney vastgehouden alvorens te worden gefusilleerd. In 1879 kreeg de Franse Senaat het paleis toegewezen. Tijdens de

Tweede Wereldoorlog vestigde de bevelhebber van de Luftwaffe voor het westelijk front, maarschalk Sperrle er zich. Er werd veel verbouwd en onder de tuin een zware bunker aangelegd, die nooit werd gebruikt.
Het Paleis is nu weer Senaat. Senator zijn in Frankrijk is de baan met verreweg de grootste politieke zekerheid: de verkiezing is getrapt, het mandaat is voor negen jaar.
Het Luxembourg is deels ook museum en kan dus worden bezocht.

[Route]

Na medaillon nummer 74 linksaf, langs Le Petit Luxembourg. Rechts staat Eugène Delacroix, reiziger bij uitstek. Bewonder eventueel de wintertuin, zie hoe de schakers langs de muur op de beroemde ijzeren stoeltjes zitten of bij regen onder het negentiende-eeuwse bouwseltje aan de linkerhand.
Een eindje verderop treft u op 2, rue Guynemer het huis van Général de Lune waar Pauline in de roman *Au pair* van W.F. Hermans een wondere wereld betreedt.

Het flatgebouw, opgetrokken uit baksteen die met rijk bewerkte natuursteen was afgebiesd, stond op de hoek van de rue Guynemer en de rue de Vaugirard.
Langs de tweede verdieping liep een balkon dat, ver uit het midden, twee grote beeldhouwwerken droeg, voorstellend lege harnassen bekroond door lege helmen, alles heel precies in steen uitgehouwen. Onverklaarbare buitensporigheid, aan dit huis dat, voor Parijse begrippen, verder niets buitensporigs vertoonde.

Nu kunt u op de hoek van beide straten twee dingen doen: meteen rechtsaf, rue de Vaugirard in en verder naar nummer 75 of een omweggetje maken: rechtdoor, rue Guynemer (waar Mitterrand woonde in de tijd van de aanslag) langs het park linksaf en dan eerste straat rechts, rue de Fleurus, waar Gertrude Stein op nummer 27 woonde.

Gertrude Stein en Ernest Hemingway

De Amerikaanse auteur en kunstpaus Gertrude Stein (1874-1946) is zo'n figuur die een stad en een tijdperk kleur geeft. Ze vestigde zich in 1903 in Parijs. Haar huis in rue de Fleurus was jarenlang een trefpunt van talloze kunstenaars. Picasso maakte een portret van haar (Metropolitan Museum, New York). Matisse, Juan Gris en vele anderen kwamen over de vloer. Haar bekendste boek is *The autobiography of Alice B. Toklas* naar de naam van haar levensgezellin van wie gezegd wordt dat zij het boek schreef en met wie ze volgens sommige bronnen een 'gemeen roddelend paar' vormde.

Ernest Hemingway is aanvankelijk vol eerbiedige bewondering voor de vrouw die al veel langer dan hij in Parijs woont en min of meer bepaalt wat zo niet politiek dan wel artistiek correct is. Hij vraagt beleefd belet. In het hoofdstuk 'Miss Stein Instructs' (in: *A Moveable Feast*) geeft hij de volgende beschrijving:

My wife and I had called on Miss Stein, and she and the friend who lived with her had been very cordial and friendly and we loved the big studio with the great paintings. It was like one of the best rooms in the finest museum except there was a big fireplace and it was warm and comfortable and they gave you good things to eat and tea and natural distilled liqueurs made from purple plums, yellow plums or wild raspberries.[...]

They seemed to like us too[...] When they came to our flat they seemed to like us even more; but perhaps that was because the place was so small and we were much closer together. Miss Stein sat on the bed that was on the floor and asked to see the stories I had written and she said that she liked them except one called Up in Michigan.

'It's good,' she said. 'That's not the question at all. But it is inaccrochable. That means it is like a picture that a painter paints and then he cannot hang it when he has a show and nobody will buy it because they cannot hang it either.'

'But what if it is not dirty but it is only that you are trying to use

words that people would actually use? That are the only words that can make the story come true and that you must use them? You have to use them.'
'But you don't get the point at all,' she said. 'You mustn't write anything that is inaccrochable. There is no point in it. It's wrong and it's silly.'

Dat vindt Hemingway niet leuk en de wraak komt later als hij vertelt hoe 'die dikke oliebol van een Gertrude Stein, die minachtende ijdeltuit' (hij heeft die woorden niet gebruikt, ze zijn afkomstig van een paar collegae die hij niet tegengesproken zal hebben) op haar filosofie van 'de verloren generatie' is gekomen. Ze dook de uitdrukking op in een garage waar ze haar Ford probeerde te laten repareren. De jonge monteur was er niet in geslaagd en de baas had hem boos toegebeten: 'Jullie zijn een verloren generatie.'
Dat kreeg de toekomstige Nobelprijswinnaar Hemingway ook naar z'n hoofd geslingerd en tal van anderen die zo belangrijk zijn geweest voor de Amerikaanse literatuur in die jaren. Kortom, Gertrude Stein en Hemingway, dat is nooit wat geworden.

[Route]

No. 75: Loop naar rue de Vaugirard. In oostelijke richting langs de Senaat lopen. Bij de hoofdingang op rue de Vaugirard 15bis recht tegenover straatnummer 26, vindt u het plaatje.

Tegenover de Senaat ligt rue de Tournon die we al eerder met de vluchtende Mitterrand hebben doorkruist. We doen het nu rustig aan in omgekeerde richting. Meteen links op nummer 20 verbleef de Oostenrijkse schrijver Joseph Roth van onder meer de prachtroman *Radetzkymarsch*. Het was een hotel. Nimmer bewoonde hij een eigen huis of flat. Hij stierf in 1939 in Parijs ten gevolge van alcoholisme en ligt op het kerkhof van Thias, even ten zuiden van de Franse hoofdstad.
Het café was in de naoorlogse jaren een trefpunt van zwarte Amerikaanse schrijvers als Richard Wright, James Baldwin and Chester Himes (zie ook hoofdstuk Paris Noir). Ze waren trouwens niet de enige artiesten die er kwamen. Onze eigen Yoka Beretti woonde in een hotelletje schuin aan de overkant. Ze kwam er ook graag en trof er dan bijvoorbeeld de Nederlandse fotograaf Fred Brommet.
Op nummer 8 woonde de strijdbare Luikse amazone Théroigne de Méricourt, de passionaria van de Franse Revolutie, vooroplopend bij elke demonstratie en het schijnt dat ze Marie-Antoinette ooit nog eens de waarheid heeft gezegd. Tijdens de Terreur werd ze door nog fellere extremisten overvallen in de Tuileries, van rok en ondergoed ontdaan en in haar blootje afgerost. Ze overleefde het, maar was op slag krankzinnig en sleet de rest van haar jaren in het gekkenhuis van Charenton.

No. 76A: Dit plaatje ligt tussen nummer 127 en 125 van boulevard Saint-Germain, links naast de bushalte.

No. 76B: Aan de overkant, tussen 152 en 154 van boulevard Saint-Germain, bij de telefooncellen.

Vijftigers in Parijs

Vijftig meter naar links, op de hoek van boulevard Saint-Germain en rue de Buci even kijken bij café Le Mabillon, een trefpunt ooit van de Vijftigers (Simon Vinkenoog, Gerrit Kouwenaar, Rudy Kousbroek, Remco Campert, Hugo Claus), de kunstenaars van de Cobra-beweging (Karel Appel, Corneille, Constant, Hugo Claus) en hun vrienden en kennissen toen ze eind jaren veertig, begin jaren vijftig veel en langdurig in Parijs verkeerden. Ze kwamen veelal naar de Franse hoofdstad met de 'liftlijn' van Kloos, een visbedrijf dat een dagelijkse dienst onderhield tussen IJmuiden en de Parijse Hallen, en begaven zich rechtstreeks naar Le Mabillon om er de al geïnstalleerde Nederlandse Parijzenaars te ontmoeten.

Van de oorspronkelijke inrichting van Le Mabillon is weinig over. Tegenwoordig is het etablissement een soort lounge met jong trendy volk.

Maar toen had Parijs net de oorlog achter de rug en de ontberingen van de eerste jaren na de bevrijding. Het existentialisme van Sartre en de kelders van Saint-Germain deden de indruk ontstaan dat de artistiek zo vruchtbare tijden van Montparnasse een *quartier* verderop gewoon werden voortgezet. Parijs daarvoor en daarna, het is nu al nauwelijks meer voor te stellen. Lees bijvoorbeeld het met talloze anekdotes en sfeerschetsen verluchtigde *Paris after the liberation* van Antony Beevor en Artemis Cooper – onder alle publicaties over D-Day een van de aardigste kronieken van een stad met veel verraders die voortaan verzetshelden wilden zijn – dan doemt een Parijs op waar het vooral koud is, waar armoede en vrees voor een derde wereldoorlog heerst.

Arthur Miller treft er in de winter van 1947 niets aan van het ooit zo kosmopolitische wereldcentrum, maar een onttakelde metropool die door de oorlog was 'afgemaakt'. In *Time Bends* schrijft hij: 'Het lijkt wel of de zon nooit opkomt in Parijs, de winterhemel is als een ijzeren deksel die de handen grijs maakt en de gezichten grauw. Een verdomde, lusteloze stilte, weinig auto's op straat, af en toe een vrachtwagen met houtgestookte motor, oude vrouwen op oude fietsen'. Frankrijk staakte toen veel en als de communisten het werk niet plat legden, liepen de kolentreinen vast door bevroren wissels onder een recordhoeveelheid sneeuw.

Zo'n beeld laat ook de filmklassieker *Quai des Orfèvres* (1947) van Henri-Georges Clouzot zien met Louis Jouvet in verreweg zijn beste rol (toevallig op de Franse televisie als ik het boek over het Parijs van vlak na de bevrijding lees). De film lijkt de bevestiging te willen zijn van Millers waarnemingen. Binnen op het politiebureau dragen de filmpersonnages dikke winterjassen of zitten met een deken over hun kop achter een werktafel. De ten tonele gevoerde musici in de toen nog zo geliefde *cabarets* en *music-halls* blazen voortdurend hun handen warm en als er een keer een kacheltje is, zoals in de kamer van Jouvet op het hoofdbureau van politie aan de mede door Maigret zo beroemd geworden Seinekade, blijken er geen kolen meer te zijn.

Miller was de voorbode van een nieuwe stroom jonge Amerikanen die door opeenvolgende devaluaties van de Franse franc over extra harde dollars beschikten. De toevloed was weliswaar niet vergelijkbaar met de instroom van tussen de beide wereldoorlogen, toen de literatuur uit de nieuwe wereld op Montparnasse domicilie had gekozen, maar Parijs was nog altijd een Amerikaanse droom.

Dat gold ook voor Ethel Portnoy die enkele jaren later, in 1950, de oversteek met de *Queen Elisabeth* naar Cherbourg maakte. Ze kwam naar Parijs want ze was 'nieuwsgierig naar de wijde wereld. Ik wilde leven, echt leven,' schreef ze in het literaire tijdschrift *Maatstaf* in een artikel vol Parijse romantiek over haar ontmoeting, haar eerste liefdesnacht en spoedig haar huwelijk met Rudy Kousbroek, dichter en redacteur van het samen met Remco Campert opgerichte 'ex-

perimentele' tijdschrift *Braak*. Voor ze het wist was ze een aangetrouwd zusje van de legendarische Vijftigers voor wie Parijs toentertijd een cultureel pelgrimsoord was. Dat jaar was voor Ethel Portnoy een *Annus mirabilis*.
In de documentaire-serie *Hotel Atonaal* van Hans Keller en Remco Campert vat zij in één woord samen wat een opvallend grote groep Nederlandse kunstenaars destijds naar de Franse hoofdstad dreef: Nederland was zo 'stuffy' en ze haalt voor de camera Van Dale erbij om aan de hand van tal van synoniemen uit te leggen dat dat vooral 'benepen' betekende.
Dat de rebellen uit Nederland juist naar Parijs kwamen om vrije lucht te happen was geen toeval. Ondanks Millers aanvankelijke desillusie was de reputatie van de Lichtstad als 'moeder van alle kunsten' ongebroken. Er was al wel een grote fascinatie voor Amerika, maar New York was in die tijd onhaalbaar ver weg en bovendien kwamen de Amerikanen, intellectuelen, kunstenaars en vooral jazzmusici, zelf deze kant uit, dat wil zeggen naar Parijs.

In een voorwoord voor de catalogus van de in 1985 gehouden manifestatie *La France aux Pays-Bas* merkt Rudy Kousbroek op dat het voor de intellectuelen van zijn generatie 'een soort plicht' was om van tijd tot tijd een bezoekje te brengen aan de Franse hoofdstad. 'Dat werd gezien als nodig voor iemands vorming, onmisbaar om op de hoogte te blijven van wat belangrijk was op het gebied van theater, literatuur en kunst.'
Parijs was dus 'verplicht' en verschafte de mogelijkheid om aan het bedompte Holland te ontsnappen. De vlucht als bevrijding, voortkomend uit 'balsturigheid' (Ruud Meijer in zijn boek *Parijs verplicht)*, want Nederland was nog niet klaar voor de 'kleine revolutie', zoals Lucebert het noemde. Jazz was zondig, de eerste Cobra-tentoonstelling in 1949 leidde tot protesten en geschamper, en de muurschildering

Vragende kinderen van Karel Appel voor de Amsterdamse stadhuiskantine werd onder druk van het ambtelijk personeel met behang beplakt. De nieuwe generatie kunstenaars ging als het ware in het verzet tegen de restauratie van vooroorlogse conventies. Simon Vinkenoog, vanaf 1948 geruime tijd woonachtig in Parijs, zei eind jaren tachtig tegen Ruud Meijer: 'Ik was vervuld van walging voor Nederland.'
In de samenspraak *Karel Appel bij Hugo Claus* formuleerde Cobra's boegbeeld Appel het nauwelijks anders: 'De gemene, bekrompen streken van de kranten werkten ons meer op de zenuwen dan we wilden toegeven. Met z'n drieën (Appel, Corneille, Constant) besloten we naar Parijs te gaan. Als we toch als vagebonden moesten leven, kon dat daar net zo goed. We hadden geen geld om veel verf te kopen en jute was goedkoper dan canvas. Dus het werd jute.'
Van een triest Parijs hadden de Hollanders geen weet. Ze keken dwars door de 'ijzeren deksel' van Arthur Miller heen. Ze hadden een mythische voorstelling van de Lichtstad. Wat Kousbroek betreft was die vooral op de film gebaseerd. *Le diable au corps* van Autant-Lara met Gérard Philipe en Micheline Presle over de liefde van een middelbare scholier voor een jonge, getrouwde vrouw had een diepe indruk op hem gemaakt. Een zo'n schandalig thema 'met zo veel begrip en liefde gemaakt'. Er waren tal van andere Franse films en zoveel minder 'kinderachtig, preuts en filistijns'. Hij had met Frankrijk wat veel Fransen merkwaardig genoeg met de Verenigde Staten hebben door de vroegere Amerikaanse film: voor hen is dat land één droomfabriek, één gigantisch Hollywood, voor hem was dat de studio van Boulogne.
Kousbroek schreef over zijn aankomst in Parijs woorden die ik zoveel jaar later herken als een gedeeld sentiment ook al was de stad voor mij in beeld gebracht door de *Nouvelle Vague*.
'Toen ik in 1950 in het Gare du Nord uit de trein stapte, zag ik de brede straten in het ochtendlicht, met het zilveren wa-

ter dat door de goten stroomde; de monumentale architectuur die soms de onwerkelijke indruk maakte van een filmdecor. Het gevoel een Franse film binnengewandeld te zijn. Het werd het grootste intellectuele avontuur van mijn leven en het gevoel van bevrijding duurt nog steeds.'
Film, Parijs, droom, bevrijding: Remco Campert, die samen met Rudy Kousbroek de film aan de straatkant van het Gare du Nord binnenstapte, dichtte:

Ik droomde ik kon spreken in Parijs
En bij Dupont nam men een film op
Een sprekende film dat gaat zonder zeggen
Een film met Gréco en een man die ik niet zag
De steden bij avond
Zijn van de mensen de minnaressen.

(Fragment uit: *Steden bij avond*)

Als Hugo Claus zich bij de inmiddels tot 'kolonie' uitgegroeide groep Nederlanders voegt, is iedereen jaloers op zijn wereldse omgang met een stad die hij vanuit zijn tweetaligheid ruimschoots onder de knie heeft. 'Die wist alles. Had zo veel gelezen, zo veel films gezien. Die was al bevrijd,' aldus Simon Vinkenoog, die daarmee aangeeft wat de Nederlanders allemaal meenden te ontberen. Claus zal de nodige bravoure niet geschuwd hebben tegenover die 'Ollanders', maar toont zich over zijn Parijse periode bescheiden in geschrift: 'In een steegje, waar niemand hem kon zien, bekeek hij de bloemen die uit zijn mouwen groeiden' (Uit: *Natuurgetrouw*).
En natuurlijk had ook Vinkenoog de Lichtstad lief, zij het met een Nederlands gevoel voor kosten en baten:

Parijs, de stad waar het leven
bus- en metrokaarten kost
mijn dromen in de bomen hangen
en in de straten geluid als melk
wordt gemorst

(Fragment uit: *Tweestedentocht*)

Verklaringen aan een nieuwe liefde, nog zo pril, nog zo gretig. Maar het was vooral de eerder genoemde 'walging' die een vruchtbare voedingsbodem bleek te zijn. In z'n eentje richtte Vinkenoog in Parijs het tijdschrift *Blurb* op zonder te weten dat hij daarmee een pendant van het Amsterdamse *Braak* had uitgebracht. In 1951 tekende hij voor de samenstelling van de legendarische bloemlezing *Atonaal,* die als het ware zou fungeren als stichtingsakte voor de 'beweging van vijftig' met de inmiddels alom bekende coryfeeën als Remco Campert, Gerrit Kouwenaar, Hans Andreus, Hugo Claus, Bert Schierbeek, Lucebert, Jan Hanlo, Hans Lodeizen en Vinkenoog zelf.

In het jaar dat de 'lange, nerveuze blonde jongeman' (Remco Campert over Vinkenoog in zijn beroemde titelverhaal 'Alle dagen feest') zich in de Franse hoofdstad vestigde, verzamelde een groep beeldende kunstenaars uit België, Denemarken en Nederland zich in het café van hotel Notre-Dame om zich met een door de Belg Christian Dotremont geformuleerd pamflet tegen het politieke gekissebis op de internationale conferentie over de avantgarde-kunst in het Parijse Maison des Lettres te keren. De beweging, die later Cobra zou heten (Copenhagen, Brussel, Amsterdam), zag het licht op dat nog altijd hoogst toeristische plekje tegenover de beroemde Parijse kathedraal. Het was 8 november 1948.
In tegenstelling tot Arthur Miller heeft Corneille de Lichtstad nooit in het 'somber en grijs' van een doemstad gezien. In het najaar van 1994 zegt hij via de telefoon: 'Nee, zo heb ik dat nooit gevoeld. Het was wel een stad zonder auto's. En wat me vooral is bijgebleven, zijn de politiemannen in zwarte capes op de fiets. Arm was het ook, ja. En het heeft heel lang geduurd voor de dingen wat dat betreft weer een beetje op peil waren.'
In een luxe-uitgave onder de nog altijd even viriele titel COBRA van de Belg Richard Miller brengt de auteur in herinne-

ring dat Dotremont vijf dagen na de oprichtingsvergadering z'n companen naamvoorstellen doet. Eén ervan is Cobra waarvan opvalt dat de Pa van Paris ontbreekt. 'Parijs is niet meer het centrum van de kunst,' schreef de Belg erbij. Miller constateert droogjes dat een groot aantal leden van Cobra in de jaren daarna juist Parijs kiest om er te gaan werken. De Deen Asger Jorn, een van de pijlers van de beweging, meldt zich nog in 1956.

Appel, Corneille en Constant maken de grote stap in 1950. 'We waren het paard van Troje. Cobra nam bezit van Parijs,' zegt Corneille op de vraag waarom hij en zijn Cobra-medestanders zich in een cultureel afgeschreven stad vestigden. 'We waren tegenstanders van het Parijse formalisme. We verzetten ons tegen het mentale comfort. Dat had pas betekenis als we van binnen uit de strijd aangingen. Natuurlijk wilden we weg uit dat duffe Nederland. We wilden ons meten. Parijs te lijf gaan, dat was even een andere kluif. Parijs was cultureel natuurlijk heel belangrijk. We hoorden van Sartre, je had er de toneelstukken van Beckett, de jazzmusici uit de vs; dat kon je in Amsterdam allemaal vergeten. De ontmoeting met al die verschillende uitingen maakte jezelf ook weer anders creatief.'

Corneille en Karel 'ik rotzooi maar wat aan' Appel betrokken een slooppand in rue Santeuil vlakbij de Parijse moskee, op loopafstand van roemruchte Parijse trefpunten als rue Mouffetard en place de la Contrescarpe. In *Berichten uit het atelier* (1990) maakt Karel Appel in gesprek met Rudi Fuchs een bohemienachtige apocalyps van de toen ongetwijfeld miserabele leefomstandigheden: 'Tegenover ons was de hal van de koeien waar alle koeienhuiden van de abattoirs gebracht werden, dus de straat was altijd een bloedbad met duizenden ratten en een vreselijke stank in de zomer en onder het atelier maakten ze van het afval zeep, dus dat stonk ook vreselijk. Daarboven woonden wij met andere artiesten in ruimten van bruin hout en gips.'

De beeldhouwster Lotti van der Gaag, die van Corneille niet in een adem met Cobra genoemd mag worden om 'geschiedvervalsing' te voorkomen 'want ze heeft nooit en te nimmer bij onze groep gehoord', betrok na enkele maanden hetzelfde pand. 'Er was geen wc, we plasten op een potje, poepten op een krant en er was maar één kraantje,' herinnert ze zich. 'Ja, arm was het,' bevestigt Corneille. 'En het heeft vijf jaar geduurd voor ik m'n eerste werk aan de man bracht. De Fransen hebben daar een mooie uitdrukking voor, *galérer*, vijf jaar lang galeislaaf. Maar het is een goede herinnering. We waren gek genoeg heel optimistisch. Door de oorlog waren we natuurlijk gehard.'
De ateliers boven het rattenhol werden een soort ontmoetingspunt voor de Nederlandse schilders en schrijvers. Ze vierden er zelfs Sinterklaas als een ontheemd groepje asielzoekers dat waakt over eigen identiteit. Cadeaus werden er niet gegeven, daar had niemand geld voor. Er werd volop gependeld tussen Amsterdam en Parijs. Vrienden en kennissen kwamen logeren. De tekenaar Opland was één van hen: 'Ik herinner me het Gare du Nord, groot, naakt, somber, de reuk van stoomlocomotieven en die enorme affiches van Dubonnet; dubon, dubon, dubonnet. Een meesterlijke stad, het was de grote wereld. Een van de eerste keren kwamen we Jan Brusse tegen op de Champs Elysées waar hij een uitzending had in het Nederlands voor de Franse wereldomroep. Hij interviewde ons of we Stanley en Livingstone waren.'

Cobra werd in 1951 ontbonden. De vrienden groeiden uit elkaar. Appel en Corneille kregen ruzie. Lotti mag er niet bij. Naar haar mening om hun marktwaarde op peil te houden. Corneille lijkt Cobra dan ook als een soort lijfrente te zien. 'We hadden toen niets, nu verschijnt het ene boek na het andere. Dat gaat zich uitbreiden naar Amerika. Er komen daar grote tentoonstellingen. Let maar op.'

Voor z'n bundel *De sporen* (1993) dichtte Hugo Claus onder de titel 'Cobra':

Was het een warme kermis toen?
Was de oneindige wereld na de hongerdood
veranderbaar?

De gouden snede werd veracht,
symmetrie was verraad, kennis ballast
en alom doken in beverig gekras,
ontdubbelde lijn, gnomen op
die tegen elkaar botsten en kraaiden,
met Pruisisch blauw bespat,
allen met de zwart omrande ogen
van de Godin Koe.
Men speelde een verrukte menswording.

Tot te veel beesten graasden,
te veel mongolen loeiden,
te veel prognaten verfden met hun tenen.
Dit zag de Vogelgodin en zij gebood
dat men zijn eigen dromen op zou eten.
Men deed het. Men werd gedeelte
van de koek van de wereld.
Men bleef de vogelschrik verven
op de verder verlaten speelplaats.

In de rue Santeuil van nu is geen rat te bekennen. De straat werd spoedig na de eerste Cobra-successen gesaneerd. Woningwetwoningen, Habitation à Loyer Modéré (HLM), zoals de Fransen zeggen, in die tijd een garantie voor architecturale droefenis. Aan de overkant de faculteit van Censier, ook nieuwbouw. Beton, niks gips en bruin hout.
In rue Lacépède, waar Kousbroek en Campert bij hun eerste bezoek een kamer namen in hotel Beauséjour, is het vijftigerjarenspoor ook niet meer te traceren. Zo'n zoektocht levert hoogstens nostalgische gesprekken op over Parijs als een verloren paradijs, met de *patronne* van Le Petit Beaujolais waar de heren destijds heel goed aangelegd zouden kunnen

hebben. De bejaarde kapper ernaast weet ook van niets: *'Peut-être au 27.'* Daar is een Australisch café, weten zij veel. In een tweedehands boekwinkel een sprankje hoop: 'U bent niet de eerste die me de vraag stelt. *Ils s'appellent comment déjà vos écrivains? Ah bon.* Ik kan u niet helpen.'
Een van die *écrivains* is Remco Campert. Ik mag 'mijn' zeggen, want ik houd van hem. Naar tevredenheid delen we dezelfde liefde, voor Parijs. Anno 1994 zegt hij: 'Maar of Parijs nou zo bepalend is geweest voor mijn werk, dat geloof ik niet. Ik hoefde er ook niet zo nodig naartoe vanwege de Hollandse dufheid. Bij mij thuis was dat helemaal niet zo. En onze rebellie zijn we hier begonnen. Parijs was hoogstens een decor. Ik ben maar een paar jaar gebleven. Financieel was het niet vol te houden.'

'Voor de schrijvers lag het allemaal heel anders,' zegt Corneille in de Franse hoofdstad. 'Ze werden hier nooit gepubliceerd. Daar beklaagden ze zich ook over. Wat doen we hier met onze taal, riepen ze dan. Wij hingen intussen overal. We zaten midden in het Parijse leven, zij waren en bleven *étrangers*. Vreemdelingen in de letterlijke zin van het woord. Als ze hier gepubliceerd waren, had dat heel anders gelegen.'
Rudy Kousbroek schreef in 1985 in *La France aux Pays-Bas*: 'Ik denk dat de invloed van Frankrijk op een land als Nederland in die periode juist heel groot is geweest. Het leven in Nederland zoals het nu is, vergeleken met die jaren na de oorlog, draagt daarvan allerlei onmiskenbare sporen.'

Saint-Germain-des-Prés très bibope

Hier in het hart van Saint-Germain-des-Près moeten we het natuurlijk over jazz hebben. De muziek van die tijd. De muziek die Parijs zo aantrekkelijk maakte. Wat dat betreft loopt u hier op heilige grond. Jazz was tegencultuur, underground, hoorde bij existentialisme en misdaadfilm. Juist omdat de Lichtstad toen nog zo grauw en grijs was. Een stad van achterstallig onderhoud en aangekoekt vuil. Van honger en kou. Gage voor musici zoals de groep rond de legendarische Boris Vian, trompettist, schrijver, componist en platenproducent, bestond veelal uit niet meer dan een goede warme maaltijd. Dat was al heel wat.

Ondanks de beperkingen van de nog heersende oorlogseconomie, zwolg Parijs in de nieuwverworven vrijheid. Het was existentieel genieten geblazen. Tussen *Het zijn en het niets,* volgens de nogal ruime filosofische afbakening van Jean-Paul Sartre die in het *patafysisch* Viaans van het *Handboek voor Saint-Germain-des-Prés* werd aangeduid als Jean-Sol Partre. Tot op de dag van vandaag past die verbasterde naam wonderwel bij de kleine grote denker wier ene oog *merde* zei tegen het andere.
De naam van de filosoof en zijn existentialisme werden door de Franse boulevardpers algauw in verband gebracht met wat er gebeurde in sommige kelders van Saint-Germain. Daar werd door zogenoemde *kelderratten* wild gedanst op jazzmuziek die aanvankelijk nog *revival* was totdat de eerste platen van Charlie Parker en Miles Davis de Franse hoofdstad bereikten. Die wilde dans, toen nog *swing* geheten naar de vooroorlogse muzikale standaard, werd prompt omgedoopt tot *bebop* (*bibope*, schreef Vian in fonetisch Frans). Het isolement van de bezetting was voorbij, Saint-Germain-des-Prés kraaide de revolutie.

Er werd die nieuwe lichting – de debuterende chansonnière Juliette Gréco was 22 en met haar neus nog lang niet bij een plastisch chirurg geweest – van alles en nog wat toegedicht. Hun nachtelijke danspartijen op het helse ritme van de nieuwe muziek moesten zeker ook tot seksuele uitspattingen leidden, zo werd verondersteld. Onder de keldergewelven werd het vooroordeel met genoegen bevestigd door de verkiezing van een *Miss Ondeugd* of een *Miss Vuilnisbak*. Dat was lachen. In die bedompte rattenruimten probeerde de nieuwe generatie adem te halen na de verstikkende jaren van de oorlog en de kleinburgerlijkheid die erop volgde.

Sartre was geen jazzliefhebber. Voor hem was het wegwerpmuziek. Een trend met beperkte levensduur. *Jazzmuziek is net zoiets als bananen. Je eet ze ter plekke.* Wat hem interesseerde waren de jongeren, de levenshouding van de nieuwe generatie. Afgezien nog van het prozaïsche feit dat de kelders gefrequenteerd werden door aantrekkelijke jongedames met wie hij graag een filosofisch boompje opzette als Simone de Beauvoir weer even bezig was met een vlammende liefdesbrief aan haar overzeese minnaar.

Het zijn verhalen die legende geworden zijn. Vaak verteld, opgeschreven, vastgelegd, vergeten en weer uit de herinnering opgevist als er een mooie aanleiding voor is. Zoals een paar jaar geleden toen de serie *Jazz in Paris* werd uitgebracht. Een honderdtal cd's. Het erfgoed uit de glorietijd van platenlabels als Philips/Fontana, Musidisc, Barclay, Decca France. Opnamen die pas echt reliëf krijgen door wat erbij verteld wordt over het Parijs van toen, de jaren vijftig, *les films noirs*, *la nouvelle vague*, de nadagen van 's werelds onbetwiste culturele hoofdstad.

Misschien is het verbeelding, maar al luisterend lijkt het of er zoiets is als een *son parisien*, een Parijse sound die me vagelijk melancholisch in de oren klinkt. Ongetwijfeld omdat

ik er ooit was in een aantal van die jazzclubs zoals *Les Trois Mailletz* met Memphis Slim die uiterlijk meer weg had van een statige landjonker dan van een volkse blueszanger.
Of omdat ik me de keren herinner in de *Caméléon* in de rue Saint-André-des-Arts waar de violist Jean-Luc Ponty vaak optrad. Twintig waren we en de wereld was er om veroverd te worden. En dan natuurlijk het fluwelen geluid van Barney Wilen. Een frêle jongen die na zijn eerste successen verdween in een zwart gat van drank en drugs.
Jazz in Parijs, dat is niet alleen Saint-Germain-des-Prés maar vooral ook Boris Vian, die niet alleen musicus was en columnist van het blad *Jazz Hot*, maar vooral ook *directeur artistique* bij Philips en later Barclay. Hij produceerde tientallen platen. Hij was de jazzpaus van Parijs.

Het begon allemaal een eindje verderop, in de rue des Carmes, Quartier Latin, wat voor een bewoner van de linker Seine-oever heel iets anders is dan Saint-Germain-des-Prés. De heer en mevrouw Pérodo, een Bretons echtpaar, begonnen de *Caveau des Lorientais*, vernoemd naar het bijna geheel verwoeste havenstadje Lorient. De klarinetist Claude Luter met z'n revivalorkest speelde er van 5 tot 7. Het was binnen de kortste keren de hottest place in town. Zoals de tegendraadse *zazous* dat al tijdens de bezetting hadden uitgeprobeerd, werd er een van de *lindy hop* (Harlem, jaren dertig) afgeleide dans beoefend. *Ils étaient très, très swing*, schreef Boris Vian.

Op voorwaarde dat de helft van de winst ten goede kwam aan de slachtoffers van de bombardementen op Lorient, mocht het echtpaar Pérodo ook 's avonds open, van negen tot middernacht. Sartre verscheen er en Raymond Queneau. Maar de vaders en moeders van de aldus in verzoeking gebrachte jeugd vreesden het ergste en lieten constateren dat de nooduitgang vijf centimeter smaller was dan in de verordeningen stond. *Le Lorientais* moest dicht. Maar de musici van toen staan nog altijd bekend als *Les Lorientais,* de liefhebber weet dan genoeg.

Toen was het de beurt aan Saint-Germain-des-Prés. Zoals Sartre zei : *bij Flore de jonge literatuur, bij de Deux Magots de ouwe literatoren.* De jazz ging ondergronds. Om de hoek. Via nummer 29 van de rue Dauphine, waar schrijvers en journalisten als Albert Camus de elleboog hieven in het nachtcafé Le Tabou, schoof het heterogene gezelschap door naar nummer 33 waar op 11 april 1947 *Le Club du Tabou* werd geopend. Een van de oprichters was de schrijver Roger Vailland *(La Loi)*. Er werden platen gedraaid en vanaf 22 uur speelde er de band van de gebroeders Vian, met Boris op trompet natuurlijk. De Club du Tabou duurde niet langer dan een jaar, maar dat was voldoende om een legende te worden. Al was het maar omdat de buren nog wel eens een nachtspiegel omkeerden boven de hoofden van de nachtbrakers als die wat al te luidruchtig het keldergewelf verlieten.

In juni 1948 ging de Club Saint-Germain op de hoek van de rue de L'Abbaye en de rue Saint-Benoît open. Nog wel een kelder, maar groter en mooier dan le Tabou. Rattencultuur die salonfähig wordt. Onbetaalbaar voor de gewone sterveling die er alleen nog kwam tijdens de matinees als de toegangsprijs een stuk lager was. De Jazz Messengers in Club Saint-Germain was in mijn jonge jaren een van de meest gewilde serie lp's. En er werd hoorbaar nog altijd dezelfde dans gedanst. Die was nu *très, trés bibope.*

Een maand na de opening troonde Boris Vian Duke Ellington mee. Miles Davis vertelt in zijn autobiografie dat hij in de Club Saint-Germain Sartre, Pablo Picasso en Juliette Gréco ontmoette. Zijn naar men zegt gepassioneerde liefdesgeschiedenis met de later zo beroemde chansonnière dateert van dat jaar. En zo maakt hij in 1957 onder supervisie van Boris Vian de tot de klassieken verheven muziek voor *l'Ascenseur pour l'échafaud*, met Barney Wilen, René Urtreger, Pierre Michelot, Kenny Clarke.

Jazz was voortaan in de mode en trok volle zalen. Zelfs het walhalla van de variétéartiest en chansonnier, de *Olympia* op de boulevard des Italiens, organiseerde jazzconcerten. Niet zelden trouwens in combinatie met een tour de chant van een van de beroemdheden van toen. Zo stond de Belgische saxofonist Bobby Jaspar in het voorprogramma van Juliette Gréco, deelde Erroll Garner het programma met Gloria Lasso, een Franse zangeres die in het Spaanse repertoire was gespecialiseerd. Zelfs Louis Armstrong kreeg gezelschap, van de Franstalige *crooner* Jean Constantin die in de Lichtstad toen minstens even beroemd was als Satchmo.

Boris Vian was intussen een van de pijlers geworden van *Le Tout-Paris*. Zijn voor die tijd zo gedurfde roman *J'irai cracher sur vos tombes* was na een moeilijke start een bestseller geworden. Het radioverbod van zijn anti-militaristische lied *Le déserteur* op het momen dat Frankrijk vocht in Indo-China versterkte zijn reputatie van non-conformist *par qui le scandale arrive*. Hij werd de buurman van de dichter Jacques Prévert met wie hij het terras boven de Moulin Rouge deelde. Samen waren ze actieve leden van het *Collège de Pataphysique*, een soort anti-Académie française, dat niet alleen *Cahiers* uitgaf met serieuze beschouwingen over als miskend erkende schrijvers, maar vooral ook de spot dreef met de gewichtigdoenerij van het kunstzinnige establishment. De surrealistische schrijver Alfred Jarry had het begrip *pataphysique* bedacht met definitie en al in zijn toneelstuk *Ubu, roi*: de wetenchap van de denkbeeldige oplossingen.
Ieder lid kreeg een neptitel. Bij voorkeur die van satraap. In

het boek van Frank Ténot *Boris Vian, Jazz à Saint-Germain* staat een foto van Henri Salvador – later auteur van onverwoestbare meezingers, toen nog opkomend jazztalent – die de versierselen van *pataphysicien* krijgt opgespeld.

Op streng doktersadvies speelde Vian zelf niet meer. Hij had een ernstige hartafwijking. Maar hij leek actiever dan ooit. Schreef vlammende kronieken en weigerde als man van Philips om Dave Brubeck uit te brengen. Een *sous-merde* die niks met jazz te maken heeft, zo luidde zijn kwalificatie. Hij raakte in proces over de filmrechten van *J'irai cracher sur vos tombes*. Dat werd zijn dood, zegt men.
De ene na de andere producent had het laten afweten en verkocht de rechten weer door. Uiteindelijk kwam het ervan, zeer tegen de zin van Vian, die tot zijn woede nauwelijks bij het project betrokken werd en er alles aan deed om de film tegen te houden. Dat lukte niet. De film, in de regie van Michel Gast, kwam er toch.
Voor de vrienden van Boris Vian en in jazzkringen is de rolprent begrijpelijkerwijs een grafmonument waarop je alleen maar kunt spuwen, om in zijn stijl te blijven. Met uitzondering van de fraaie muziek van Alain Goraguer (Jazz & Cinema, vol. 1). En juist vanwege die muziek wist men Vian ervan te overtuigen om toch de film in privé-projectie te gaan zien. *'Fais-le pour Alain'*. Het bleek een afspraak met de dood te zijn.
Tijdens de voorstelling, op 23 juni 1959, kreeg Vian een hartverlamming en overleed in zijn bioscoopstoel. Het verhaal wil dat hij zich zo had geërgerd aan de film dat de makers ervan verantwoordelijk moeten worden gehouden voor zijn vroege dood op 39-jarige leeftijd. Maar ook dat behoort tot de talloze legenden van Saint-Germain-des-Prés. Niet de film, maar z'n slechte hart werd Boris Vian fataal.
Eind jaren zestig was de jazz grotendeels uit Saint-Germain verdwenen. Le Chat qui pêche verderop in de rue de la

Huchette hield het nog even vol. Met de in Amsterdam overleden trompettist Chet Baker als vaste gast. Jazz had als muziek van de nieuwe generatie afgedaan. Saint-Germain omarmde de mode en werd wuft. Intussen is de jazz weer helemaal terug. Met zelfs twee FM-stations die niets anders uitzenden. Kelders zijn er nog altijd maar nu rond de Hallen en in de Marais. Gedanst wordt er niet meer. Zitten, luisteren, glaasje drinken. Best aangenaam, maar nauwelijks *très bibope.*

[Route]

No. 77: Links op de hoek van rue des Beaux-Arts voor de deur van Galerie Doria. Toen ik er in juni 1995 toevallig langskwam, was de straat opgebroken en nummer 77 was verdwenen. Bij navraag bleek de medaillon met cement en al bij Galerie Doria in bewaring te zijn gegeven en is na afloop van de werkzaamheden keurig teruggeplaatst. En ligt er nog altijd.

No. 78: Voor de deur van Galerie Jonas, op nummer 12 van rue de Seine. Iets verder, op de hoek van rue Mazarine, is tegen de muur een ander plaatje te zien. Het geeft de waterhoogte van januari 1910 aan. Hoogst actueel want Parijs vreest in de komende jaren opnieuw een *cru du siècle*, zeg maar de hoogste waterstand van de eeuw. In genoemd jaar liep het centrum van Parijs helemaal onder.

De overstroming van Parijs

De Seine trad in die winter van 1910 ver buiten haar oevers. Tussen 21 januari en het einde van de maand overspoelde het water het hele Parijse centrum. Het duurde tot 15 maart voor de rivier weer haar normale niveau had bereikt. Doden vielen er niet, maar de schade was enorm. Tweehonderdduizend inwoners werden door wateroverlast getroffen. Vijftien procent van het Parijse woningbestand was ondergelopen. De rue de Seine stond tot over boulevard Saint-Germain onder water. Op de rechteroever stond het water tot aan Gare Saint-Lazare. In het centrum ging het vervoer per boot. Maar de opera bleef open. Er waren speciale generatoren naartoe gesleept zodat de voorstellingen doorgang konden vinden. Ansichtkaarten met foto's van de ramp worden nog steeds herdrukt.

Louis Couperus bevindt zich in die tijd aan de Blauwe Kust, de Franse Rivièra. Door de heer en mevrouw Grosjean is hij uitgenodigd voor een diner in hun villa te Antibes ter ere van een 'litteraire Dame'. Hij doet op 23 april 1910 in *Het Vaderland* verslag van wat hij een 'tragiesch diner' noemt.

Het was een tragischen dag, en het was een tragiesch diner. Want het was de eerste dag, dat de telegrammen ons brachten de noodberichten van de overstroomingen in Parijs. En was dit bericht op zichzelve al tragiesch genoeg, nog tragischer werd het er om, omdat Zij, voor wie het diner werd gegeven, met de handen in het geonduleerde haar, luid van stemme, opklaagde, dat Zij niet in Parijs was... dat er overstromingen in Parijs dorsten zijn zonder Haar!

Zij is dan ook beroemd, hoewel nog niet zoo beroemd als Oom. Zij, beste vrienden, is een litteraire Dame, zonder wie in Parijs, wat zeg ik, zonder wie in Frankrijk, niets belangrijks gebeuren mag, noch in de litteratuur, noch in de politiek, noch op het tooneel, noch op het Seine-gebied. Zij moet er bij zijn, hoor. [...]

En nu was zij in Antibes, terwijl daar ginds in Parijs de Seine overstroomde, zonder haar! Het was meer dan tragiesch; het was eenvoudig ongeoorloofd.

Alle gasten stel ik u niet voor. Ik zal u alleen mede deelen, dat zij allen een zekeren, min of meer importanten naam droegen in de wereld van de letteren, muziek en kunst. Maar nu moet ge u dit voorstellen: twee lakeien de vleugeldeuren openschuivend en aankondigende, dat mevrouw gediend is... de tafel zichtbaar, schitterend van kristal en zilver... en, in het midden van den salon, gastheer en gastvrouw in consternatie om Haar, die uitroept, dat zij niet dineeren wil, maar oogenblikkelijk terug moet naar Parijs...

– *Lieve vriendin! zegt de gastheer, angstig en mild, maar toch zenuwachtig bij de gedachte, dat dit kostbare diner, dat ons wacht, geheel nutteloos zoû zijn en naar de maan (in Frankrijk wordt een diner altijd aangericht om Hem of Haar te huldigen). Lieve vriendin! Het is zeker vreeslijk, dat er overstromingen zijn in Parijs...*

– *En zonder mij! En zonder mij!! declameert zij tragiesch.*

– *Maar... poogt schuchter de gastheer voort te gaan; zouden wij niet eerst aan tàfel gaan? Daarna zoudt ge morgen den dagtrein wel kunnen nemen, en overmorgenavond – om al de vertragingen – u zeker bevinden op het terrein van de ramp...*

– *Ik, rustig hier met u allen dineeren, terwijl daar ginds een cataclysme Parijs bedreigt? Parijs bedreigd, en ik zoû er niet zijn? Neen, beste vrienden, ik moet oogenbikkelijk gaan! Haal den Indicateur des Chemins de Fer...*

Ginds de tafel, schitterend van kristal en zilver... Op het dressoir dampen de consommé en potage... Gastheer en gastvrouw wisselen raadlooze blikken, en ik geloof, dat zij op dit oogenblik hun litterairen salon, hun artistieke diners verwenschen met innige verwensching. Maar er is niets aan te verhelpen. Zij, in het midden van den salon, bladert nerveus in den indicateur, en nu roept zij, met een blik op de pendule:

– *Ik heb juist vijf-en-dertig minuten... Een rijtuig! Of liever een automobiel! Mijn mantel! Ik moet weg! Vergeef mij, o gij allen, vergeef mij, mijn vrienden, maar ik moet weg, ik moet weg...*

Er is hevige consternatie. Gastheer en gastvrouw zijn woedend, maar ik bewonder hun zelfbeheersching. Zij geven zelfs toe.

– *Lieve vriendin, zeggen zij nu; wij kunnen het begrijpen, dat ge het betreurt niet in Parijs te zijn, nu dat de Seine overstroomt...*

– *Wie weet, zegt eene der gasten (zij is de schoonzuster van een beroemden componist, en daarom heeft zij een muzikalen salon, en frequenteert alleen artistieke milieu's). Wie weet, zal uwe prezentie, lieve vriendin, zoo niet de Seine dadelijk tus-*

schen haar boorden terug houden,... toch een dergelijken invloed uitoefenen, dat alle ellende gelenigd wordt; – votre geste retiendra le fléau!!
Zij heeft geen tijd om te twijfelen, of dit geen ironie is of wel. Een mantel wordt haar om geslagen. Een valies wordt haar gepakt (ik denk met een nachtjapon, en een poeierdoosje). De automobiel van een der invités zal haar weg voeren naar het station. Zij gaat, handdrukken uitdeelend. Zij is weg.
We zetten ons aan tafel. Potage en consommé zijn kilkoud en ik vrees, dat de visch ook niet à point zal zijn. In het midden van de zetels blijft, tusschen gastheer en gastvrouw, Haar fauteuil weemoediglijk leêg. Zij is gegaan, want in Parijs, wat zeg ik, in Frankrijk, kan niets zonder Haar gebeuren, ook geene overstrooming.
[...] Het diner is tragisch en totaal mislukt, zo wel uit een culinair oogpunt, als van een sociaal standpunt, want Zij, voor wie het werd aangericht, zit niet mede aan, en ik herhaal u, in Frankrijk dineert men alleen om Hem of Haar te huldigen.
En te denken, dat dit diner, dat dit tragiesche avontuur neef en nicht van Oom nog niet hebben genezen van hun manie: een litteraire salon te hebben, litteraire diners te geven!!
Tot hun dood zullen ze er mee voort gaan!
O Frans artistiek snobisme! O Franse artistieke ijdelheid!
O Vaderland, ontvang vanaf deze Blauwe Kust de hulde van uw zelfverbannen maar toch trouwe zoon voor uw Eenvoud en uw Waarheid, want nooit zullen uw mannen en vrouwen van talent en verstand zo gek, zo pretentieus, zo ongelooflijk naïef ijdel kunnen doen... !
(Louis Couperus, 'Korte Arabesken', in: Volledige Werken*).*

De eerlijkheid gebiedt te zeggen dat Couperus al met de pest in zijn lijf naar dat diner ging; het regende, hij moest in rokkostuum naar het station, dan met het treintje naar Antibes, daarna nog een half uur met een karretje door de modder hossen, kortom, 'dat is dan voor ééns, maar nooit meer!'

[Route]

No. 79: Vlak voor het poortje naar place de l'Institut de France. Plaatje weg, rondje nog wel te zien.

No. 80: Drie meter voor datzelfde poortje.

No. 81: Poortje onderdoor, vijf meter na de passage. Zoek maar niet. Het voorplein van dit gebouw, het 'Institut', is helemaal vernieuwd door klassieke kasseien neer te leggen. Dat is mooier dan het asfalt dat er ooit lag. Maar terugplaatsen van het plaatje was kennelijk te veel moeite.

No. 82: Links om de hoek op de smalle stoep onder het bordje quai Conti.

La vieille dame du quai Conti

(De oude dame van de Contikade)

Hier aan de quai Conti ligt het prachtige gebouw dat Louis Le Vau (1612-1670, tevens architect van een deel van het Louvre en het verdwenen Tuileries-paleis) ontwierp en dat pas ruim na zijn dood in 1693 werd voltooid. Het ligt precies in het verlengde van het Cour Carrée van het Louvre aan de overkant van de Seine. Hier huist het Institut de France, dat vijf colleges herbergt: de Académie française, de Académie des inscriptions et des belles lettres, de Académie des sciences van onze hoofdpersoon Arago, de Académie des beaux-arts et de Académie des sciences morales et politiques die zich sinds 1795, het einde van het schrikbewind, bezighoudt met filosofische, politieke, historische en economische kwesties. Elke week zijn er zittingen, je hoort er nooit iets van.

U moet het zien als een soort hogerhuis voor schrijvers, wetenschappers, filosofen, maarschalken, kortom voor een ieder die exceptionele verdiensten heeft voor de natie en bereid is een klein fortuin neer te tellen voor het bijpassende uniform met groen opgeborduurde twijgen en steek. Het sierzwaard krijg je van de andere leden cadeau. De vergelijking met het Engelse hogerhuis klopt alleen maar symbolisch, enige politieke bevoegdheid hebben de lidmaten niet. Het is meer dat Frankrijk koning en keizer heeft afgeschaft en als burgernatie met een adellijk koppensnellersverleden niemand tot edelman kan slaan. Het instituut is als het ware een prettig surrogaat. Als je hier wordt binnengehaald behoor je om zo te zeggen tot de *noblesse* van de republiek. De Académie française heeft verreweg het meeste prestige. Het is dan ook het hoogste dat je in Frankrijk kunt bereiken. Je wordt bij coöptatie gekozen.

Maar het belangrijkste is niet alleen een kwestie van toegelaten worden tot een select gezelschap van veertig personen dat nu al eeuwenlang het woordenboek van de Franse taal samenstelt. Het doet dat al sinds 1635 en gezien het gerontocratische karakter van het college heb je het gevoel dat de heren er inderdaad sindsdien altijd gezeten hebben. Omdat er sinds 1981 ook enkele vrouwen zijn toegelaten, de eerste was Marguerite Yourcenar, maken de toch ook niet al te jonge dames de indruk vers van gisteren te zijn. Overigens werd Yourcenar pas na een bittere strijd en veel intriges toegelaten. Bij haar inwijding droeg ze geen sabel en ze liet zich na de plechtigheid nooit meer op de quai Conti zien omdat ze het gevecht over de toelating van een vrouw – want dat stond ter discussie – beneden peil vond. Ze had niettemin een taboe doorbroken en sindsdien zijn meer vrouwen toegetreden.

Nee, het ultieme belang van het lidmaatschap is dat je onsterfelijk wordt verklaard; de droom van een ieder, alchimisten hebben daarvoor hun levensgeluk op het spel gezet. En Frankrijk heeft de oplossing, je stapt het Institut binnen en je bent *immortel*. Het is ook het enige college dat je zo ostentatief onsterfelijk verklaart. Misschien ook omdat de Fransen hun taal niet alleen zien als een simpel middel om te communiceren, als een werktuig om zo te zeggen, maar als een wezenlijk onderdeel van hun nationale identiteit. Dat verklaart tevens het soms wat spastische gedoe omtrent het Frans dat, zegt men, het slachtoffer dreigt te worden van een wereldwijd complot op initiatief van Hollywood, de CIA en *Dieu sait* welke culturele imperialisten in Amerika nog meer.

Gelukkig weten Fransen dat ook heel goed te relativeren. Vergeet niet dat de initiatiefnemer van een protectionistische taalwet (voornamelijk tegen de sluipende invloed van het Engels gericht), de toenmalige minister van Cultuur Jacques Toubon, vanaf het moment dat hij zijn ontwerp indiende in de volksmond Mister Jack Allgood werd genoemd. Hij is allang iets anders, maar de bijnaam achtervolgt hem nog altijd.

De Académie was een initiatief van kardinaal Richelieu, maar het idee was niet zo maar aan zijn creatieve geest ontsproten. Een aantal intellectuelen, zoals we tegenwoordig zeggen, had een literaire salon gevormd. Het had iets van een geheim genootschap want in die tijd was je algauw verdacht. Men las elkaar gedichten voor, er werd van gedachten gewisseld, de leden van het gezelschap waren aan strikte geheimhouding gebonden. Maar zoals dat dan gaat, iemand praatte zijn mond voorbij en natuurlijk wilden ook andere dichters en schrijvers erbij horen. Het kon toen niet anders of het bestaan van die ad hoc-salon moest de machtige kardinaal ter ore komen.
Voor de goede orde: Richelieu, Armand-Jean du Plessis (1585-1642), was vanaf 1624 oppermachtige premier, chef van de Raad des Konings zoals het toen heette. Via Marie de Médicis en Anna van Oostenrijk, de echtgenote van de majesteit, had hij zich weten op te werken. De koning was Lodewijk XIII aan wie hij bij zijn aantreden verklaarde: 'Ik beloof Uwe Majesteit al mijn vaardigheid en autoriteit die het U belieft mij te verlenen, aan te wenden om de hugenotenpartij te ondermijnen, de trots van de groten te verminderen, de onderdanen tot het vervullen van hun plichten te dwingen en zijn naam in de buitenlandse naties te verheffen tot het niveau waar hij hoort.' Hij heeft zich met alle kracht aan zijn beloften gehouden en er zijn vele historische romans gewijd aan het complotrijke tijdperk van de ambitieuze kerkvorst die zich evenzeer aan het celibaat hield als Franse koningen monogaam waren. Aan Armand-Jean du Plessis de Richelieu worden enige pittige aforismen toegeschreven. Zoals 'Weten te veinzen is de kunde der koningen' of 'Met twee zinnen zwart op wit sleep je de onschuldigste man voor het gerecht'. In de tussentijd liet hij zich ook niet onbetuigd

als projectontwikkelaar en liet in de Touraine een geheel nieuwe stad uit de grond stampen die hij eenvoudigweg zijn naam schonk en zeer de moeite van een bezoek waard is. Op zijn doodsbed zou hij hebben verklaard: 'Ik heb geen andere vijanden gehad dan die van de Staat.' Het is het soort moraal waarmee toekomstige Franse topambtenaren van de elitaire *Ecole Nationale d'Administration* nog steeds de zin van een overheidsfunctie wordt bijgebracht.

Richelieu dus. Zoals gezegd, toen het bestaan van het groepje literatoren bekend werd, wilden anderen er ook bij horen. Een van hen was de dichter François Le Métel, heer van Boisrobert, die een goede relatie met de kardinaal onderhield. Boisrobert werd toegelaten tot de schrijversclub en Richelieu stelde hem voor het genootschap te institutionaliseren want zoals de historicus Gaston Boissier in 1909 schreef, ongetwijfeld in de geest van de kardinaal: 'De literatuur bestuur je als de rest, het is goed als ze aan de publieke autoriteit onderworpen is.' Boisrobert wilde maar al te graag en wist een minicoup aardig voor te koken.

Uit het feit dat de geletterde collegae van Boisrobert des duivels waren blijkt dat de relatie kunst en overheid ook toen al gevoelig lag. De tegenstanders zagen de bui hangen en het heeft even geduurd voor men overstag ging. Richelieu had nog een andere reden om aan te dringen. Hij ging ervan uit dat hij als een soort erelid in het literaire genootschap zou worden binnengehaald en dat hem dat als middelmatig schrijver enig succes zou brengen. De illusie van onsterfelijkheid: in dat opzicht heeft de poëet die hij zo graag wilde zijn het afgelegd tegen de ongenaakbare *Realpolitiker*.

Groten der aarde, althans in Frankrijk, hebben vaker literaire ambities. Alsof uitoefenen van de macht prozaïsch als boekhouden is. Het is vooral dat ook zij, juist zij, de weg zoeken naar onsterfelijkheid. Als ze niet kunnen schrijven, verheffen ze zich tot bouwmeesters van de eeuwigheid. Lodewijk XIV was zo iemand, wetend dat steen een stuk resistenter is dan het geschrift. Mitterrand nam het zekere voor het onzekere en schreef en bouwde. Net zoals Richelieu lonkte ook Napoleon III tijdens zijn regeerperiode (keizer van 1852 tot 1870) naar een zetel onder de beroemde koepel van het Institut. Hij liet zijn minister van Onderwijs, Mérimée, de auteur van Carmen, een boek schrijven over Julius Caesar en publiceerde dat onder zijn eigen keizerlijke naam. Het opzetje kwam uit en leidde tot een behoorlijk schandaal. Napoleon af.

De onderworpenheid van de Académie française aan het politieke bewind of in elk geval aan het staatshoofd is niet opgeheven. Nog altijd kan de president van de republiek het lidmaatschap van een nieuweling weigeren. En dat is geen theorie. De Gaulle heeft verschillende benoemingen tegengehouden, weliswaar niet formeel maar de boodschap werd zo tijdig aan de Académie kenbaar gemaakt dat men het niet op een confrontatie liet aankomen. Als lidmaat word je dus hoe dan ook een officiële artiest of wetenschapper. Dat verklaart ongetwijfeld waarom de Académie meer als een aimabele traditie dan als een maatschappelijke factor van belang wordt gezien.

Wat doet die Académie eigenlijk? Wel, het Frans bewaken door een officiële *Dictionnaire de la langue française* samen te stellen. Dat gaat niet snel. De laatste editie dateert van 1935. In ruim driehonderdvijftig jaar zijn er acht edities verschenen, elke vijfenveertig jaar een. Er is een periode geweest dat er maar liefst vier maarschalken (Lyautey, Joffre, Foch en Pétain) lid van de Académie werden. Pétain werd in 1945 trouwens buitengesloten. Fout geweest, onsterfelijkheid verpatst.

Er zijn veel anekdotes in omloop over de heren academici die moeite hebben om wakker te blijven bij het taaie woordenwerk. Dat gold met name voor maarschalk Joffre, held uit de Eerste Wereldoorlog. Meestal liet men hem slapen maar toen het woord 'mitrailleur' ter sprake kwam, gebood de hoffelijkheid hem te waarschuwen. De oude soldaat schrok wakker en gaf terstond een perfecte definitie van het wapen: 'Een mitrailleur is een geweer dat takketakketakketak doet...'

[Route]

No. 83: Oversteken, drie meter rechts van de lantaarnpaal, pal voor de boekenbak.

No. 84: Ontbreekt.

No. 85: Zestig meter naar links, trap af naar Seineoever. Teruglopen tot waar pijpen uit de muur komen. Haaks vijf meter richting waterkant. Van bovenaf met het blote oog niet zichtbaar door het vuil dat als schutkleur fungeert.

Dan doorlopen over de kade, langs de woonboten. Zicht op Ile de la Cité en de Pont Neuf met het standbeeld van Hendrik IV, die zo meteen ter sprake komt. Pont Neuf, ooit ingepakt door Christo, wat een niet gering evenement was en van hier mooi was te zien. Trap op meteen na de Sapeurs Pompiers (brandweer) te water. Ga vervolgens via de beroemde Pont des Arts naar de overkant.

No. 86: Meteen na de loopbrug linksaf. Trap af als dat kan, want bij mijn laatste inpectie stond de kade onder water. Plaatje is in principe van bovenaf te zien. Tel vanaf de linker traptreden (neus naar het noorden) zes bomen. Daar dus.

No. 87: Ligt recht erboven bij een bank. Dus trap weer op en ook weer bij de zesde boom vanaf de trap. Helaas, alleen het ronde gat is er nog.

No. 88: Steek de straat over. Op de hoek van het uitstekende deel van het Louvre (Petite Galerie) ter hoogte van de afvoerpijpen in de vorm van elkaar opvretende vissen. Ook daar alleen een gat.

Nu wordt het nog ingewikkelder. Een deel van de medaillons ligt binnen in de museumzalen van het Louvre ten zuiden en noorden van de binnenplaats (Cour Napoléon) met de roemruchte piramide. In de buurt daarvan liggen er ook een paar. Om de chronologische volgorde te handhaven zouden we dus naar binnen, buiten en weer naar binnen moeten. Ik stel voor de plaatjes buiten eerst te lokaliseren.

Loop een stukje naar rechts, tot de doorgang naar de Cour Carré van het Louvre. Daar linksaf richting Cour Napoleon (met piramide). Nogmaals links aanhouden. Loop door tot Pavillon Daru (staat boven de deur)

No. 92A: Cour Napoléon. Het plaatje ligt links voor het Pavillon Daru.

No. 92B: Loop naar de kleine piramide rechts, na ongeveer twintig meter ligt daar het plaatje.

No. 93: Op de punt van de kleine piramide, het diamantje zoals architect Pei het noemt. Gapend gat, plaatje weg.

No. 94A: Twintig stappen, dwars door een waas van fonteinwater.

No. 94B: Op de hoek van het bassin. Als de nacht valt, is er overigens sprake van een *mise en lumière* van de gevels rondom. Niet met schijnwerpers en lichtbakken maar met zeventigduizend discreet aangebrachte lampjes van ieder acht watt. Feeëriek en theatraal volgens de een, kermisverlichting volgens de ander. Nu naar binnen.

Musée du Louvre

Mocht er, zoals bijna altijd, een lange rij staan bij de hoofdingang van de piramide, dan is het aan te raden om naar de ingang (schuin rechts voorbij de Arc de Triomphe du Carroussel) van het ondergrondse winkelcentrum Carrousel du Louvre aan rue de Rivoli ter hoogte van place des Pyramides te wandelen.

U moet overigens weten dat er tussen de twee uiterste vleugels van het Louvre een gebouw was dat uitkeek op de jardin des Tuileries. Dat was lange tijd woonpaleis en heette ook de Tuileries. Het Louvre was dus een afgesloten geheel. Onder dat verdwenen paleis bevinden zich nu een parkeergarage, de pas in 1991 ontdekte muren van de verdedigingswal uit de tijd van Karel v en luxe-winkels die ook op zondag open zijn. Het daglicht wordt verspreid door een omgekeerde piramide die op zich al de moeite waard is. Van daar loopt er een galerij naar de centrale hal waar de loketten zijn.

Het Louvre is het grootste museum van de wereld, zegt men. Je kunt er uren dwalen, het probleem is alleen hoe te voorkomen kopje onder te gaan in de schattenzee. Het rustigst is het later op de middag. De staf van het Louvre adviseert de bezoeker niet langer dan anderhalf uur achtereen op de been te blijven. Vandaar de verschillende cafetaria's met fraai uitzicht. Het is misschien beter om – 's middags zijn de tarieven lager – een paar keer te gaan, met een duidelijk plan om een bepaalde afdeling, een bepaald schilderij of bijvoorbeeld de geschiedenis van het oude paleis, die in een permanente expositie vervat is, te gaan zien. Met andere woorden, een uurtje hier en de volgende dag een uurtje daar, zo blijft het leuk en overzichtelijk.

Voor drie uur 's middags bedraagt de toegang € 7,50 na 15 uur € 5 (tarieven begin 2003). Dat is vooral de moeite waard op maandag en woensdag, wanneer het Louvre (deels) tot 21.45 uur open is. De avonduren hebben trouwens wel iets, de betrekkelijke stilte, de schaduwen. Het is dan of je het gebouw voelt, alsof je in het verleden kunt terugkijken. Normaal gesproken sluiten de deuren om zes uur en de loketten om kwart over vijf. Op dinsdag is het Louvre de hele dag gesloten.

Voor de belangrijkste kunstschatten bestaat er een handzaam gidsje (bij de boekhandel van het Louvre onder de piramide te koop). Het ABC van het Louvre met een goed overzicht, € 9,95, in het Frans of Engels. De sterren van het Louvre, Mona Lisa, Venus van Milo, het Meisje van Vermeer, ze staan er allemaal in, met naam, toenaam en adres. En anders ligt er bij de informatiebalie een folder in het Nederlands (gratis) met plattegrond en praktische inlichtingen.

En vergeet niet om her en der af en toe eens uit het raam te kijken; voorzover u nog overtuigd moest worden dat Parijs de mooiste stad van de wereld is.

Palais du Louvre

Het Louvre is een intrigerend gebouw, vol mysterie, met veel geheime gangen en hoeken, met herinneringen aan een leven tussen glorie en decadentie. Er is in het afgelopen decennium een miljard euro gespendeerd om te saneren en te renoveren en dat is goed gelukt. *Le Grand Louvre* schittert, communiceert, cultiveert. Het kost dus enig voorstellingsvermogen om het gigantische gebouw te zien als een kleine stad waar onder de ramen van de koninklijke familie handwerkslieden, kwakzalvers, hoeren en artiesten hun zaakjes deden. In een atmosfeer van stank, huizen waar het daglicht niet binnenkwam, modder en bloed. Er waren perioden van soms tientallen jaren dat het paleis leegstond, verwaarloosd, overwoekerd, met kapotte daken, vol met ongedierte. Het is wat dat betreft interessant om te rade te gaan bij de pre-romantische schilder Hubert Robert (1733-1808) die het Louvre zo vaak in onttakelde staat op het doek bracht dat hij de bijnaam *Robert des Ruines* verwierf.

Dwalend door de gangen van deze nieuwe versie met zo veel lucht en licht is het misschien aardig om het contrast te zoeken. Om je zoals de verschrikte Marie de Médicis, net getrouwd met koning Henri IV, in hoge donkere zalen te wanen, waar het vochtig is, mos groeit, ongure types zich hebben gevestigd in hoeken en gaten als beesten in een hol. 'Al veertig jaar dat het Louvre met z'n uiterlijk van gescheurde muren en gapende ramen schreeuwt: 'Haal die puisten van mijn aangezicht.'

'Men is veelal van mening dat dit moordhol z'n nut heeft, nodig is om in het hart van Parijs de intieme verbondenheid te symboliseren van de ellende en pracht die kenmerkend is voor de koningin der hoofdsteden,' schreef Honoré de Balzac in 1846. Op andere momenten in de geschiedenis zijn dezelfde zalen het protserige decor van weelderige koninklijke of keizerlijke feesten. Het Louvre is een roman.

Toen koning Philippe-Auguste met zijn Engelse collega, zwager en rivaal Richard Leeuwenhart aan het einde van de twaalfde eeuw op kruistocht ging, had hij enige reden om de Normandiërs te wantrouwen en daarom liet hij een verdedigingsmuur bouwen rond het stukje Parijs dat er al was. De muur kwam bij de Seine uit in de onmiddellijke nabijheid van de kerk Saint-Germain-de- l'Auxerrois (die nog altijd bestaat, zie place du Louvre) en sloot aan bij het fort dat er al stond. Die plek heette 'Louvre'. Het is niet duidelijk of het woord is afgeleid van *léproserie,* plek voor lepralijders, of van het Latijnse *Lupera* vanwege een wolvenkennel of *lower* wat in het Saksisch 'fort' betekent. Hoe het ook zij, het werd en het bleef *Louvre.* Door de operatie *Grand Louvre* van president Mitterrand (staatshoofd 1981-1995) zijn de in 1863 teruggevonden resten van de verdedigingstorens van Philippe-Auguste alsook de veel later door Frans I afgebroken donjon te zien onder het Pavillon de Sully.
Een paar eeuwen later werd er een nieuwe muur gebouwd langs de Seine en landinwaarts ongeveer ter hoogte van waar nu de kleine Arc de Triomphe du Carroussel staat, had het fort als zodanig afgedaan. Het Louvre kon worden omgebouwd en uitgebreid tot *château de plaisance* zoals het zo mooi in het Frans heet, een 'lustkasteel'. Een paleis dus. Karel V liet het gebouw verhogen, ramen in maken en beelden plaatsen. Er kwam een bibliotheek en een tuin. En er werd kunst verzameld. Maar tijdens de honderdjarige oorlog tegen de Engelsen (met de maagd Jeanne d'Arc in een heldenrol) die tot ruim in de vijftiende eeuw duurde, deed het Louvre dienst als gevangenis en wapenopslagplaats. Pas in 1527 wordt het paleis in ere hersteld als Frans I zich er definitief installeert. Vanaf die tijd wordt het Louvre regelmatig gerenoveerd en uitgebreid. De architect Pierre Lescot, vriend van de dichter Ronsard, tekent voor de Salle des Cariatides die voortaan het centrum vormt van het paleis. De voornaamste historische gebeurtenissen vinden daar

plaats; *pour le meilleur et le pire*. Om een paar voorbeelden te geven: in 1591 hing men er aan de kruisbalken enkele protestanten op, een wassen evenbeeld van Hendrik IV werd er opgebaard nadat hij in 1610 vermoord was, vanuit het raam keken de vorsten uit op het plein als er toernooien waren, er werden feesten, concerten en balletvoorstellingen gegeven. Onder Lodewijk XIV werden er de eerste toneelstukken van Molière opgevoerd.

Catherine de Médecis, weduwe van Hendrik II (die bij een toernooi gedood werd) en regentes van 1560 tot 1564, heeft al zo'n grote hofhouding (honderdzeven boogschutters, tweehonderdvijftien man bewaking, zeshonderd paarden) dat ook zij tot een forse uitbreiding besluit. Ze laat onder meer de Petite Galerie bouwen, die dwars op de Seine staat (op de stoep buiten Arago-plaatje nummer 88). Al met al is het paleis dus nog niet veel meer dan het deel dat tegenwoordig Pavillon Sully heet plus de Kleine Galerie. Genoeg niettemin voor een samenkomst van honderden, ook protestantse edellieden zoals op die bewuste 23 augustus 1572 toen Karel IX, opgejut door Catherine de Médicis en haar medestander de Hertog van Guise, opdracht gaf tot een massamoord op protestanten, *la nuit de Saint-Barthélémy*, de Bartholomeusnacht.
Catherine de Médicis was aanvankelijk niet tegen verzoening met de protestanten maar ze had ernstige bewaar tegen de manier waarop de protestantse admiraal De Coligny een steeds grotere invloed op haar zoon, koning Karel IX (koning 1560-1574) verwierf en aanstuurde op oorlog met het katholieke Spanje dat zij als bondgenoot zag. Coligny moest dus uit de weg geruimd worden. Dat moest discreet gebeuren volgens het principe dat je een herfstblaadje het beste verbergt in een heel herfstbos. Catherine de Médicis redeneerde dat je een lijk het beste verbergt door voor een heel slagveld met lijken te zorgen.

Er wordt beweerd dat de koning zelf uit de ramen van de Salle des Cariatides op hugenoten schoot. De protestantse edellieden werden naar buiten gedreven maar zo gauw ze de deur waren gepasseerd, doodgestoken en neergesabeld. In de rest van de donkere stad gebeurde hetzelfde.
'Naarmate het moorden vorderde, smeet men de dode lichamen van die arme kerels op een hoop terwijl de koning, de koningin en het hele hof toekeken,' schreef een historicus niet zo lang daarna. Onder de drieduizend slachtoffers bevond zich Gaspard de Coligny, bijgenaamd 'de admiraal' en bondgenoot van Willem de Zwijger. Als late *amende honorable* heeft men de straat langs de plek des onheils onlangs omgedoopt tot rue de l'Amiral de Coligny.
De koning zelf was ten tijde van het drama al ten dode opgeschreven als gevolg van een vergiftiging per abuis door een zeer ingenieuze methode. Via de bladzijden van een boek dat zijn moeder voor iemand anders had bestemd.
Om al dat schone volk samen te krijgen in het Louvre werd de huwelijksvoltrekking van Marguerite de Valois aangegrepen. Zij was de dochter van Catherine, door haar aanhankelijke broers Margot genoemd en trouwde met de protestantse Hendrik IV, koning van Navarra en later van Frankrijk. Het huwelijk had vier dagen eerder plaatsgevonden en de gasten waren nog volop aanwezig, omdat de festiviteiten nog niet afgelopen waren.

La reine Margot was een eigenzinnige vrouw van wie gezegd werd dat ze heel knap en aantrekkelijk was. Men dichtte haar een grote seksuele appetijt toe. Ze zou met minstens één van haar broers een incestueuze relatie hebben gehad en haar verhouding in een vroeger stadium met de fanatiek katholieke duc (hertog) de Guise was hartstochtelijk. Men beweert dat haar echtgenoot, eveneens geboekstaafd als iemand die in bed van wanten wist, haar niet voldoende bood wat waarschijnlijk als graadmeter voor haar onbe-

dwingbare sensualiteit gelden moest.
Ze was dichteres en schreef zeer leesbare memoires. Over haar is veel geschreven. Alexandre Dumas wijdde een roman aan haar onder de titel *La reine Margot* en bijna een decennium geleden bracht Patrice Chereau haar terug in de belangstelling met een troebele en intrigerende film onder dezelfde titel met Isabelle Adjani in de rol van Margot.
'Het huwelijk van Marguerite de Valois met Henri de Navarre was niet zo zeer een vereniging in de bijbelse term van het woord als wel een diplomatieke alliantie,' schrijft Francis Lancassin in het voorwoord van de roman *La reine Margot* van Dumas, waarvan men beweert dat die de beste is na *De drie musketiers*. De moeder van Henri, Jeanne d'Albret, hoopte met het huwelijk tussen de katholieke prinses en de jonge protestantse koning verzoening tussen protestanten en katholieken te vergemakkelijken.
Het huwelijk was een kille bedoening. Zo gauw hij zijn jawoord had gegeven op 'een schavot', zoals zijn vrouw later schrijft, op het plein voor Notre-Dame, staat Henri op en verdwijnt, want de mis wil hij verder niet bijwonen. Na afloop komt hij terug en gaat met haar naar het paleis.
Margot, wier grote liefde aanvankelijk de fanatiek katholieke hertog van Guise was, redde haar nieuwe echtgenoot het leven door hem 'met een tragische uitdrukking' op haar gezicht te adviseren in het paleis te blijven en niet naar admiraal de Coligny te gaan om zich wat te amuseren in de stad, zoals Catherine de Médicis hem suggereerde. Henri bleef de hele nacht in bed met zijn vrouw omringd door een aantal protestantse edellieden. Als ze de volgende dag naar buiten gaan en Marguerite de Valois eindelijk inslaapt, wordt ze ruw gewekt door een zwaargewonde protestantse edelman, die achtervolgd wordt door vier boogschutters. Hij werpt zich zwaar bloedend op haar bed in de hoop dat de koninklijke lakens hem bescherming verschaffen.
Om het koninkrijk Frankrijk in handen te krijgen laat Henri

IV het huwelijk later ontbinden en beweert dat hij op dat schavot zijn jawoord helemaal niet gegeven had. Hij trouwde daarna (1600) met Marie de Médicis.

Onder Hendrik III (koning 1574-1589), opvolger van Karel IX, wordt er voornamelijk feestgevierd in het Louvre. De ene slemppartij na de andere vond er plaats. Er werden vechtpartijen tussen leeuwen en honden georganiseerd. Men keek toe uit de ramen van de Salle des Cariatides hoe de ongelijke strijd verliep. De koning was ontwikkeld, las Italiaans en Latijn en steunde schrijvers en beeldend kunstenaars. Hij discussieerde gretig over de hogere dingen des levens en vermaakte zich graag met wat men toen schandknaapjes noemde. *Les Mignons de Henri III* zijn zo beroemd dat ze zelfs Van Dale hebben gehaald. De kosten van zijn extravagante festiviteiten verhaalde de vorst op het volk. Het maakte hem niet populair. Na een 'barricadendag' (de eerste van vele in de Franse geschiedenis) vluchtte hij en kwam nooit meer terug.
Nadat een van zijn vriendjes werd vermoord, omdat hij het op de vrouw van de hertog van Guise had voorzien – het waren moderne tijden – kwam de koning tot inkeer en richtte de koninklijke broederschap der boetelingen op. Bij zijn afwezigheid imiteerde het hofpersoneel de koninklijke processies met wilde verkleedpartijen in de Salle des Cariatides. Dragqueens avant la lettre.

Het paleis stond vijfentwintig jaar leeg. Toen zijn opvolger Hendrik IV (koning 1589-1610), de man die Parijs een mis waard vond en aanvankelijk getrouwd was met koningin Margot, in 1600 in het huwelijk trad met Marie de Médicis – ook al zo'n lekker dier – durfde zijn bruid hem niet mee te nemen naar het Louvre, zo vuil en onttakeld was het paleis. Nadat er in aller haast wat geruimd en geschoond was, kwam ze poolshoogte nemen en trof naar haar zeggen niets anders dan 'donkerte en leegte' aan: 'Nooit ben ik zo geschrokken, ik kon niet geloven dat ik me in het Louvre bevond. Ik dacht dat men een grap met me uithaalde.'

Haar man maakte van de weeromstuit ernst met de uitbreiding van het Louvre. Onder zijn bewind werd de vierhonderdvijftig meter lange Grande Galerie langs de rivier gebouwd 'opdat de koning zou kunnen zien wat er zich op de Seine afspeelt' en 'opdat de beste handwerkslieden en de noodzakelijke meesters zich zouden kunnen bezighouden met schilderen, beeldhouwen, zilversmeden, klokkenmakerij, waarmerkerij en andere.' De tapijtwevers werden er geïnstalleerd voor ze naar Les Gobelins op de linkeroever werden overgeplaatst. In groten getale trokken de kunstenaars en handwerkslieden met hun gezinnen naar de Grote Galerij waar ze de entresol, de tussenverdieping, kregen toegewezen. Om het project te bekostigen liet hij de wijntransporten belasten die via de tegenwoordige voorstad Corbeil liepen. Accijns op alcohol is niet nieuw.

De bouw van de Grote Galerij had niet in de laatste plaats een politieke betekenis. Om zijn legitimiteit te vergroten wenste Henri IV zich op ruime schaal te kwijten van zijn koninklijke taak als genezer. Volgens de overlevering was de nieuwe Franse koning na zalving in staat om scrofulose, klierziekte, te genezen. Hendrik liet vijf keer per jaar honderden zieken naar de nieuwe galerij komen en werd geacht ze te genezen 'door de klieren aan te raken'. In feite doorkruiste hij de zalen omringd door hofdienaren en artsen en maakte een kruisje op het voorhoofd van zijn klieren van onderdanen om het bij deze gelegenheid aldus uit te drukken. Of daarmee het humeur ook verbeterd werd, vertelt de geschiedenis niet maar feit is dat *les écrouelles*, klieren, dezelfde negatieve bijbetekenis hebben als in het Nederlands.

En daartussen verbleef het artistieke volk, samen met rivaliserende edellieden van katholieke of protestantse huize. De zuster van de koning wilde nog wel eens een paar duizend hugenoten voor een bidstonde uitnodigen, wat dan weer tot protesten van de Parijse kardinaal leidde. In die chaos was de sfeer naar men zegt om te snijden. De moord op de koning, op loopafstand in rue de la Feronnerie, in het tegenwoordige voetgangersgebied van het Halles-kwartier, was daarvan de illustratie.

Lodewijk XIII (koning 1610-1643) trouwde in 1612 op elfjarige leeftijd met Anna van Oostenrijk. Zijn vader was twee jaar eerder vermoord en zijn moeder Marie de Médicis was regentes. In het appartement van Anna ligt een Arago-plaatje, maar daar komen we nog op terug. Het huwelijk was aanleiding voor grote festiviteiten, ballet, een grote kermis op het Koningsplein, de tegenwoordige place de la Concorde, optochten van ruiters langs de Seine en vuurwerk. De bouwactiviteiten werden aanvankelijk onverminderd voortgezet. De Grote Galerie werd voor van alles en nog wat gebruikt. Kardinaal Richelieu vestigde er de Munt en de koninklijke drukkerij. Er trok een krant in, de *Gazette de France* van dokter Théophraste Renaudot, bekend van de belangrijkste literaire prijs na die van de Goncourt. Renaudot werd een van de lijfartsen van de koning en opende in 1635 een praktijk waar patiënten gratis terecht konden. Hij startte ook een leenbank zonder winstoogmerk. Hij stief arm.
Andere delen van de gigantische ruimten werden tijdelijk verwaarloosd en waren kennelijk in een zo natuurlijke staat teruggekeerd dat Louis XIII er graag op vossenjacht ging. Ook de kameel uit de koninklijke dierentuin mocht er regelmatig een ommetje maken. Erg huiselijk moet het daarbinnen niet geweest zijn.
Lodewijk XIV hield niet van het Louvre en hield niet van Parijs. Na de zogenoemde *Fronde* met alweer barricades, een opstand tegen het strenge fiscale beleid van Mazarin, kardinaal en eerste minister terwijl hij nog een opgroeiende jongen was, had hem voor altijd doen begrijpen dat je het Parij-

se plebs maar beter op afstand kunt houden. Met zijn moeder vluchtte hij naar het paleis in Saint-Germain-en-Laye, tegenwoordig bereikbaar in vijfentwintig minuten met de RER (lijn A), maar toen de opstand achter de rug was, keerde de koninklijke familie terug naar het Louvre, want dat leek politiek toch beter. Ondanks zijn afkeer van het Louvre liet Louis XIV nog heel wat bouwen, het oostelijke deel rond de Cour Carrée, de honderdtachtig meter lange Colonnade tegenover de oude Saint-Germain-de-l'Auxerrois-kerk bijvoorbeeld.

In het jaar dat Mazarin sterft (1662) viert de Zonnekoning feest. Officieel vanwege de geboorte van een kroonprins, maar ook omdat de koning zich door het verlies van zijn mentor bevrijd voelde. Twee dagen lang wordt er in de Tuileries uitgepakt: kermis, optochten met ruiters en praalwagens, carnaval en een vreedzaam toernooi. Dertienhonderd hovelingen, allemaal verkleed, dansen rond hun vorst die zichzelf heeft uitgedost als Romeins keizer.

Als zijn moeder vier jaar later sterft, vlucht Lodewijk XIV weg uit het Louvre. Een jaar later vestigt het hof zich nog voor een korte periode in het Tuileries-paleis, dat lag tussen het Pavillon de Flore en het Pavillon de Marsan (met uitzicht dus op de jardin des Tuileries). Het paleis werd bij de Commune-opstand van 1871 vernietigd. In 1678 vertrekt hij naar Versailles, die *vivante folie*, die levende lusthof.

Nadat de Zonnekoning met zijn complete hofhouding z'n hielen had gelicht, werd het paleis in feite gekraakt door een menigte kunstenaars, hun modellen, journalisten, wetenschappers en andere lieden. De vrijgekomen ruimte werd ingenomen door de Koninklijk Academies, de Académie-Française voorop. Er werden tegen het einde van de eeuw voor het eerst exposities georganiseerd. De Wetenschappelijke Academie (nog altijd die van de latere Arago) vestigde zich in de voormalige koninklijke vertrekken. Men trof er bokalen aan met op alcohol gezette anatomische delen, een

opgezette kameel (die van Lodewijk XIII?), een olifantenskelet.
Menigeen timmerde er zijn eigen appartementje. In hoeken en gaten, onder trappen en onder de balken. Men metselde de ruimte tussen de zuilen van de Colonnade dicht om er een woning of atelier in te richten. Ene Watelet heeft twintig jaar lang een heerlijke tuin op het dak van dezelfde paleisvleugel gehad. De Cour Carrée werd volgebouwd met een rommelige verzameling schuurtjes en barakken waarin kunstenaarsweduwen, apothekers en kwakzalvers, bouwvakkers en mindere beeldhouwers woonden. De portiers en soldaten van de Zwitserse wacht begonnen onder de poorten en in de gangen van het paleis een winkeltje of een cafeetje waar ze tevens 'gelegenheid gaven'. Op 2 november 1701 schreef minister Pontchartrain aan de kapitein die verantwoordelijk was voor de orde en rust in en rond het paleis: 'De koning is meegedeeld dat de gangen van het Louvre voor de meest schandelijke vormen van prostitutie en onzedelijkheid worden gebruikt en dat de portiers al deze onordentelijkheden toestaan en aanmoedigen door de poorten en gangen beschikbaar te stellen. Bovendien, de bewoners van het Louvre geven onderdak aan personen die door de politie worden gezocht, er worden duels uitgevochten en studenten van de kunstacademie veroorzaken overlast door luidruchtigheid.'
De brief hielp weinig. Iedereen ging z'n gang met kachels en haarden die de muren berookten en de situatie onveilig maakten. De meubelmaker Boulle, wiens werk heden ten dage tot de duurste antiquiteiten behoort, verloor kostbare bestellingen in een grote brand. We hebben het dan al over 1720. Weer een aantal jaren later ging het dak van het Pavillon de Flore in vlammen op als gevolg van een onvoorzichtige patatkraamhouder of wat daar in die tijd voor doorging. En Robert des Ruïnes maar schilderen.
Ook onder Lodewijk XV is het Louvre één grote duiventil. Kardinaal de Rohan en opeenvolgende ministers eigenen zich

de appartementen toe van de koningin-moeder, Anna van Oostenrijk. De beeldhouwers Girardon, Pigalle, Lemoine, Falconet hadden er hun ateliers. De schilder François Boucher, die men tot de pompeuzen rekent, verbleef er eveneens. De filosoof van de Verlichting, François Marie Arouet, beter bekend als Voltaire (1694-1778), 'idool van de liberale anticlericale bourgeoisie', vond het maar niks. Hij was niet de enige.

Maar de herstelwerkzaamheden lopen wegens geldgebrek vast onder Lodewijk XVI, die enkele maanden na het begin van de Franse Revolutie op 14 juli 1789 door het hongerende volk van Parijs gedwongen wordt om naar het Tuileries-paleis terug te keren. Het muitende volk gaat de familie letterlijk halen in Versailles. De koning geeft toe als er een bloedbad dreigt te ontstaan. Het meest elementaire basisvoedsel, brood, ontbreekt, de economie verkeert in een treurige toestand. Vandaar dat men wel zegt dat het volk 'de bakker' in Versailles ging halen in de hoop dat zijn aanwezigheid bij de ovens van de staat tot een mirakel zou leiden. Het wonder bleef uit en nauwelijks een jaar later, op 10 augustus 1792 dringt het volk het Tuileries-paleis binnen. De Convention, de revolutionaire assemblée, komt daar voortaan bijeen. De koninklijke familie wordt gearresteerd en in de Tempel-gevangenis vastgezet. De koning is afgezet. Precies één jaar later ter gelegenheid van de eerste verjaardag van de val van de monarchie of *Les Fêtes de la République* – Louis XVI is inmiddels op 21 januari 1793 onthoofd – gingen de zalen van de Colonnade en de Grande Galerie als museum open voor het publiek. Het begon met een tijdelijke expositie van het werk van levende kunstenaars en vijfhonderdachtendertig kunstschatten uit de koninklijke verzameling. Het museum wil er in de eerste plaats voor de kunstenaars zijn en daarom zijn de eerste vijf dagen van de revolutionaire decade voor hen open, dan drie dagen voor het publiek. De laatste twee dagen zijn gereserveerd voor onderhoud en herstel. Als Frankrijk weer terugkeert naar de traditionele jaartelling*, heeft het publiek alleen in de weekeinden toegang. Voor de rest is het museum aan de artiesten en hun leerlingen om het al kopiërend en studerend tot kunstenaar te brengen. In 1794 worden nog altijd bekende schilders als Fragonard en Robert (van de ruïnes) lid van het bestuur van wat dan officieel *Le museum national des arts* heet.

Er moet een onderscheid gemaakt worden tussen het museumgedeelte en het woongedeelte in de verdwenen Tuileriesvleugel. In 1796 wordt de naam van het museum *Museum central des arts*. Een subtiele wijziging waarvan de betekenis me vooralsnog ontgaat. Misschien omdat het Louvre een soort centraal magazijn werd van alle kunstschatten die de Napoleontische legers in naam van de Revolutie en de bevrijding wegroofden uit de rest van Europa. De Franse kunstenaars hadden daar geen problemen mee. De aankomst in Parijs op 28 juli 1798 van een verzameling klassieke beelden uit Italië was aanleiding voor een ware triomftocht door de hoofdstad, vanaf de Jardin des Plantes via het Champ de Mars (toen nog zonder Eiffeltoren) tot aan het Louvre. De kunstenaars die er nog altijd woonden, zorgden voor feestelijke verlichting van hun ramen en gaven een bal. Kort daarop werden de schilderijen van Franse schilders in het paleis

* In november 1794 voerde het Revolutionaire bewind een zogenoemde republikeinse jaartelling in. De namen van de maanden en dagen veranderden, en bovendien waren christelijke namen voortaan verboden en moesten plaatsnamen met 'Sint' veranderd worden. Het jaar werd opgedeeld in 12 maanden van elk dertig dagen plus vijf of zes aanvullende dagen. Elke maand bestond uit drie 'decaden' van tien dagen. Het systeem bleef tot 1806. In 1848 en 1871 hebben de revolutionairen van toen tevergeefs geprobeerd de revolutionaire jaartelling weer in te voeren. Als het in boeken of artikelen gaat over de revolutie wordt die telling nog vaak gebruikt.

van Versailles naar Parijs overgebracht. In april 1799 werd een gerestaureerd deel van de Grande Galerie heropend met een tentoonstelling van Franse en Vlaamse schilderkunst. De autoriteiten schrokken van 'de verbazingwekkend grote toevloed van publiek. De menigte was zo enorm dat de politie ondanks de inspanning en hulp van de suppoosten geen greep had op de situatie,' aldus een officieel rapport.
In 1803 werd het Centrale Museum van Kunsten kortweg Musée Napoléon, een voorschotje op een andere naamsverandering die er uit bestond dat Bonaparte een jaartje later keizer Napoleon I werd. Met het beroemde schilderij *Le sacre* (de kroning) van David (de eertijdse lofzanger van het schrikbewind) als bewijs dat het echt gebeurd was. 'Dit is geen schilderij, je kunt hierin lopen,' luidde de reactie van de betrokkene die versteld stond over een zo realistische weergave. Zo realistisch zelfs dat Napoleon eiste dat er veranderingen werden aangebracht. In een eerste versie was hij te zien als de keizer die zichzelf kroont. Dat werd nogal provocerend gevonden. David bazuinde intussen rond dat de keizer hem met complimenten had overladen, maar dat had te maken met het feit dat de zuinige overheid nogal wat probeerde af te dingen op de prijs van het doek dat honderdduizend toenmalige francs moest kosten. Volgens sommige bronnen moet je dat getal met vijfentwintig vermenigvuldigen om ongeveer op het aantal francs van vandaag uit te komen.
Aan de kunstenaars die in het Louvre verbleven en nog zo bewonderend kaarsjes hadden ontstoken toen hij zijn roofwaar binnenbracht, had Napoleon geen boodschap. In 1806 werden ze allemaal op straat gezet. De keizer had ruimte nodig, hijzelf woonde inmiddels in het Tuileries-paleis. De revolutionaire autoriteiten hadden alle koninklijke inscripties doen verwijderen, Napoleon liet nu overal een 'N' graveren, met inbegrip van adelaar en bijen. Vanaf de timpaan boven de ingang van het Pavillon Sully kijkt hij nog al-

tijd in bustevorm uit over het plein met de piramide dat zijn naam draagt. In datzelfde jaar liet hij de Arc de Triomphe du Carrousel oprichten ter ere van de *grande armée* die natuurlijk de zijne was. Het deel van het Louvre langs rue de Rivoli bestond toen nog niet. Napoleon geeft opdracht om dat te bouwen ter voltooiing van het Louvre als het ware.

Het onvermijdelijke woord 'grandeur' wordt vaak in relatie tot de kleine korporaal gebruikt. Grandioos is misschien beter, omdat grandeur in het Frans toch vooral ook iets nobels heeft. De keizer was een meester in het organiseren van grandioze manifestaties, een begenadigde regisseur van massaspelen als we zo oneerbiedig mogen zijn om daaronder zijn eigen (tweede) huwelijk met aartshertogin Marie-Louise van Oostenrijk te rekenen. U moet zich dat proberen voor te stellen. Hij had daar overigens onderaannemers voor, de architecten Percier en Fontaine (van de Carrousel). Het jonge paar kwam per rijtuig vanuit Saint-Cloud, reed via de erepoort van de Tuileries naar het bordes van het paleis. Ze passeerden eerst twee grote groepen beeldhouwwerken en vervolgens een triomfboog. Daarna betraden ze de hal van het paleis met hun zegepralende stoet. Met bruid en gevolg schreed de keizer daarna van het Tuileries-paleis via de Grande Galerie, vierhonderdtweeënveertig meter lang, naar de Salon Carré aan het oosteinde. Honderden gasten vormden een onafzienbare haag. De grote galerij was voor de gelegenheid volgehangen met de buit van de *grande armée*, kunstschatten uit heel Europa en zelfs daarbuiten. 'Geleend' zoals het later zou heten. Na Waterloo moest Frankrijk tweeduizendvijfenzestig schilderijen, tweehonderdtachtig beelden in steen of marmer, tweehonderdnegenentachtig in brons en elfhonderdnegenennegentig glazen voorwerpen en keramiek teruggeven aan de geplunderde naties. In 1821 kwam daar een grote publiekstrekker voor terug, de Venus van Milo, een cadeau aan de nieuwe koning Lodewijk XVIII van de markies de Rivière, ambassadeur van Frankrijk in Constantinopel.

Politiek bleef het onrustig in Frankrijk. In 1830 was er al weer een revolutie die drie dagen duurde en waardoor er opnieuw een koning (Karel x) werd verjaagd. Alexandre Dumas senior deed met enthousiasme mee. Hij heeft erover geschreven in *Mes Mémoires*. Hij vertelt hoe moedig de aanvallers waren en hoe het Louvre werd veroverd en het Tuileries-paleis geplunderd. En dan deze tranenverwekkende anekdote: 'Een kind van twaalf klom omhoog als een schoorsteenveger door de houten slurf die tegen de Colonnade stond en gebruikt werd om puin te storten, en onder de neus van de Zwitserse garde plantte hij de driekleur op het Louvre.' Daarmee werd de opstandelingen als het ware in herinnering gebracht dat er in het paleis geen koning meer woonde, maar dat er de schatten van de natie werden bewaard. De schade aan het Louvre was minimaal. De slachtoffers van de bloedige opstand die drie volle dagen duurde, werden in de tuin voor de Colonnade begraven in afwachting van een definitieve crypte onder de zuil die voor hen op de Bastille werd opgericht.

Bij de volgende revolutie in 1848 heet het museum Musée National du Louvre en terwijl het Tuileries-paleis eens te meer werd geplunderd, bleef het Louvre intact. Napoleon III, de neef van de eerste en zoon van onze koning van Holland (1806-1810) die wij abusievelijk Louis Napoleon noemen in plaats van Louis Bonaparte, ondernam als keizer werken die niet onderdeden voor wat onder Mitterrand tot stand is gebracht. De Richelieu-vleugel werd gebouwd, aan beide zijden werden parallelle vleugels gebouwd, er werd net zoals in de laatste jaren op grote schaal gerestaureerd en gerenoveerd. Werk voor drieduizend arbeiders en honderdvijftig beeldhouwers. In veertienduizend kubieke meter grond werden opgravingen verricht. Om de keizerin een plezier te doen, werd een overdaad aan versieringen aangebracht. Het museum heette nu Musée Impérial du Louvre, voorwaar een keizerlijk museum.

De geschiedenis herhaalde zich nog een keer, tot op zekere hoogte althans. In 1870 begon de Frans-Pruisische oorlog en werd Parijs belegerd door de Pruisen van Bismarck. Napoleon III capituleerde op 3 september 1870, het Parijse volk nam de verdediging van de stad zelf ter hand met een opstand die bekend staat als de Commune de Paris. Napoleon III was afgezet, het Tuileries-paleis werd traditiegetrouw door het opstandige volk belaagd. Dit keer werd het paleis veel grondiger vernield en in brand gestoken.
In *Les beaux quartiers* (1936) laat de beroemde communistische schrijver Louis Aragon (1897-1982) een ooggetuige aan het woord:

'Parijs is niet meer wat het is geweest. Het jaar van de wereldtentoonstelling. Uw leeftijd ongeveer. We hadden nog het keizerrijk, luxe. Min of meer althans. Ik had paarden. De Keizerinnelaan, zondagmorgen. Het keizerrijk liep op z'n laatste benen, dat was de mooiste tijd. Parijs...'
Hij maakte een cirkelvormig gebaar waarmee hij het hele Louvre tot zijn getuige maakte en keek met een zuinig gezicht richting tuin.
'... is flink veranderd. Kijk er eens aan: een gat. Je mist iets. Ik weet het niet meer. O ja! Een gat... Het Tuileries-paleis. U bent te jong, u hebt dat niet gezien... Natuurlijk niet... Ik heb dat zien branden, beste meneer, het plebs! Verschrikkelijk, het plebs... Want als brand, ja als brand was het een mooie brand. Droevig, maar een mooie brand, anders kan ik niet zeggen. Het plebs...'
Hij vouwde de krant die als zakdoek fungeerde.
'... overal vuur, beste meneer, daar en daar... rue Royale, rue de Castiglione... Op de linkeroever, rue du Bac... Het was misschien vier, vijf uur in de ochtend en toen, pang, pang, pang, van alle kanten. En plotseling, wat zie ik? Ze hebben het Louvre in brand gezet, het Pavillon de Flore. Er komt rook uit alsof ze in eeuwen geen schoorstenen hebben geveegd... Grote rode tongen... Het Palais Royal... De Tuileries... Ah, de Tuileries, dat hebben ze te pakken gehad, tot op het bot, beste meneer... Er waren alleen maar zwarte stenen over... En toen, pang, pang, pang! Nu moorden ze het plebs uit. Ah, er was zoiets als rechtvaardigheid. Ja, rechtvaardigheid. Het is een geruststellende gedachte dat recht-

vaardigheid bestaat. Pang, pang, pang op het plebs. rue de Rivoli, vanuit de ramen schoten ze op de vrouwen op straat, op de petroleuses. Er is rechtvaardigheid, u bent nog jong, maar u zult zien, het bestaat!'

Jarenlang werd er gediscussieerd over wat er met de ruïne van de Tuileries moest gebeuren. Ten slotte heeft men het puin maar geruimd en daarmee ook een symbool van koninklijk en keizerlijk autoritarisme begraven. In elk geval voelde de nog jonge Derde Republiek zich politiek en ook financieel niet erg geroepen om de Tuileries in ere te herstellen. De Franse staatshoofden zouden het voortaan met het Elysée moeten doen.

Mona Lisa ontvoerd

Het is niet zozeer het alom erkende talent van Leonardo da Vinci, maar vooral de spectaculaire diefstal van de *Mona Lisa* in 1911 die het werk van de Italiaan tot het beroemdste, het meest bezochte, het meest bekeken, het meest gekopieerde, het meest gereproduceerde, het meest begeerde en misschien wel het meest onteerde portret van de wereld heeft gemaakt. Als men de veelvuldige piraterij zou willen beschouwen als een artistieke vorm van verkrachting.

Voorzover we weten heeft de vrouw op het schilderij slechts voor Da Vinci vrijwillig geposeerd, verder heeft ze om niets gevraagd. Uit niets blijkt dat ze zich uitdagend heeft opgesteld of op wat voor avances dan ook is ingegaan. Instemmend toonde zij zich nooit of het zou die stille glimlach van berusting moeten zijn. Haar drama is dat ze door de ontvoering als het ware haar onschuld is kwijtgeraakt, medeplichtig is gemaakt; zwijgend slachtoffer van het syndroom van Stockholm, erotisch droombeeld zelfs. Het maakt haar nog tragischer, nog raadselachtiger, nog triester, nog mooier en aantrekkelijker. Mona Lisa of de verkrachte onschuld.

Monna Lisa (met twee keer een 'n' in het Italiaans) was de echtgenote van de Florentijnse notabele Francesco del Giocondo. Vanwege haar mans achternaam staat het schilderij in Frankrijk voornamelijk bekend als *La Joconde*. Wanneer het portret precies is gemaakt, is niet duidelijk, wel dat het er in 1504 al is. Als Da Vinci in 1517 naar Frankrijk verhuist op uitnodiging van koning Frans I, neemt hij het schilderij mee. Of de vorst het zelf heeft gekocht voor vierduizend gouden Franse daalders of dat de verkoop na de dood van de schilder in 1519 via de erven is gelopen, is onderwerp van historische strijd. Het verhaal wil dat Leonardo da Vinci in de armen van Frans I gestorven is en dat zijn resten en graftombe tijdens de godsdienstoorlogen verloren zijn gegaan. La Joconde komt in elk geval op het kasteel van Fontaine-

bleau terecht en via Versailles in het Louvre.
Op het schilderij poseert La Gioconda op een veranda, in tegenlicht, met op de achtergrond een denkbeeldig landschap. Ze kijkt de toeschouwer aan. Da Vinci was een specialist van het *sfumato*, wat letterlijk verdamping betekent en in het kunsthistorische jargon 'schilderen met vervagende, vervloeiende omtrekken'. Op die manier krijgt het gezicht leven, de gelaatstrekken bewegen bijna waardoor de glimlach zo mysterieus is, zoals men zegt. Of misschien geeft het gezicht juist uitdrukking aan diepe bedroefdheid, ontgoocheling. De nog jonge vrouw had kort voor Da Vinci met het portret begon haar dochtertje verloren.

Het schilderij werd op 21 augustus 1911 uit het Louvre gestolen. Kenners dweepten met haar. De markies De Sade vond haar 'het wezen zelve van vrouwelijkheid' en George Sand zei: 'Wie ook maar een ogenblik de ogen op haar heeft gericht, kan haar nooit meer vergeten.' Bij het grote publiek was de Mona Lisa nauwelijks bekend. Het schilderij was vooral een werk van de grote meester Da Vinci. Vanwege zijn universele bekendheid – en niet te vergeten zijn verblijf aan het Franse hof – was de opschudding groot. De kranten doken op de affaire. Het grote publiek volgde het onderzoek met passie, als een detectiveroman, een spannend feuilleton in dagelijkse afleveringen.
De politie had geen idee van de dader en zocht er dus politieke of artistieke motieven achter. De jonge kubisten hadden zich een paar jaar eerder uitgesproken tegen wat ze de officiële kunst noemden, 'de museumkunst'. Pablo Picasso en Georges Braque hadden zich tegen het idee gekeerd dat kunstwerken voor altijd aan museummuren zouden moeten hangen. De Italiaanse futuristen verklaarden zich in ongeveer dezelfde termen tegen dat artistieke establishment in de heilige tempels van de erkende kunst.

De politie arresteerde de beroemde dichter Guillaume Apollinaire, die de kubisten meende te steunen door provocerend rond te bazuinen *'Il faut brûler la Joconde'*, de Mona Lisa moet verbrand worden. De vrees bestond dat hij de daad bij het woord had gevoegd. Bij huiszoeking werden er bovendien een paar Fenicische beeldjes uit het Louvre gevonden die, zo heette het, zijn secretaris Géry Piéret, zich tijdelijk toegeëigend had. Het zou een tijdje duren voor Apollinaire de politie ervan overtuigde dat zijn oproep als een metafoor moest worden gezien en hij de Santé-gevangenis kon verlaten.

Uiteindelijk bleek een ietwat gederangeerde schilder, Vincenzo Peruggia, zijn lieve landgenote te hebben geschaakt om haar terug te brengen naar haar land van herkomst. La Joconde werd teruggevonden in Florence en keerde na een korte Italiaanse 'tournee' op 13 december 1913 weer terug op haar plek in het Louvre.

La Joconde was op slag een wereldberoemde ster en het zou nooit meer mogelijk zijn om even met haar alleen te verkeren. Toen de schilder Fernand Léger in de tijd van het Front Populaire, het linkse Volksfront van 1936, vol van idealisme de democratisering van de kunst propageerde, kwam hij er tot zijn teleurstelling snel achter dat de naar het Louvre getransporteerde massa's maar in één schilderij geïnteresseerd waren: de Mona Lisa.

Na haar terugkeer waren de surrealisten de eersten om zich aan haar te vergrijpen. In 1919 voorzag Marcel Duchamp haar van snor en baard en gaf zijn versie de titel *L.H.O.O.Q.*, wat fonetisch vertaald neerkomt op 'kontlikker'. Voor de jonge garde van toen, onder meer vereend in de Dada-beweging, was de Mona Lisa het symbool van burgermanskunst dat diende te worden beschimpt en geridiculiseerd.

Na de ontvoering werd ze onderwerp van tal van romans, films, series en kunsthistorische dieptestudies waarvan er nog niet één het mysterie van de geplooide mond – glimlach of ontreddering – heeft weten op te lossen. Volgens een recent onderzoek zijn het zeer fijne scheurtjes in het doek 'die de anatomie en de vorm van de glimlach hebben veranderd. De craquelures in de linker mondhoek geven een lichte schaduw waardoor de indruk ontstaat van een samentrekking.' Sterker is het nog rond de ogen en daardoor zou het ook het beeld dat Mona Lisa lichtelijk loensde, ontstaan zijn. Dat zal allemaal wel waar zijn en ongetwijfeld aanleiding voor wéér nieuwe bespiegelingen.

La Gioconda is geliefd bij cartoonisten. Vrouwen die het tot premier of staatshoofd brengen, van Golda Meir tot Margaret Thatcher, komen vroeger of later terug in een tekening in de gedaante van Mona Lisa. Ze fungeert als reclame-object, siert ansichtkaarten. Andy Warhol bracht haar en Marilyn Monroe samen, dubbelportret van het mythische vrouwideaal.

Zo is die keurige, lieve, misschien wel preutse Mona Lisa afgebeeld in bikini, topless of met jarretels. Ze mag dan wel voor van alles en nog wat worden ingezet, parfum, mode, accessoires en wat dies meer zij, volgens een van haar hoeders, Vincent Pomerade, Conservateur van Musées de France, 'is de Mona Lisa een museumstuk bij uitstek met alles wat dat inhoudt aan schoonheid, ontoegankelijkheid, universaliteit. Ze is zeldzaam, uniek, ze is de kunst.'

La Joconde is deel geworden van onze droomwereld, heet het. Dat kan soms raar uitpakken zoals we weten. De onvermijdelijke gek, een Boliviaan dit keer, sloeg in 1956 nog eens toe. Hij gooide een steen tegen het schilderij, want hij haatte haar ook al wist hij niet waarom. Haar linker elleboog werd beschadigd, sindsdien zit ze achter glas.

In het geval van Dali of Duchamp met hun verlangen om die halve vrouw te veranderen, anders te kleden, uit te kleden, op te dirken en lelijk te maken, is er volgens Pomerade sprake van pure fantasie en zelfs fetisjisme.

Die fantasieën vertellen veel over een bepaald tijdperk. In de jaren vijftig wordt ze voorgesteld als kindvrouw, in de flower-powertijd als een natuurmens, naturiste zelfs, ze is femme fatale in de jaren tachtig. Met een soort ganzenbord uit 1969 kon je haar kleden zoals je wilde, Mona Lisa of het willige vrouwobject.
Enfin, bij het Louvre vindt men het soms irritant dat iedereen het altijd over Mona Lisa heeft, maar men is blij haar te hebben. Zo blij dat ze voor eeuwig in een glazen kooitje zit.

Le Grand Louvre

In de jaren zestig, toen je geen Franse film mocht missen, liet Jean-Luc Godard, de paus van de vernieuwingsbeweging die men *nouvelle vague*, de nieuwe golf, noemde, de hoofdrolspelers in zijn film *Bande à part*, een bende apart, wedden dat ze in zes minuten het Louvre konden doen. In de film zie je hoe ze het giechelend op een lopen zetten, door honderden meters zaal, via trapjes, door gangetjes, een sprint in de Grande Galerie. Ze hebben maling aan de tentoongestelde kunstwerken, aan de historische omgeving. Het Louvre vertegenwoordigt wat hun betreft de gevestigde orde die bijna letterlijk stikt in het stof dat niemand meer afneemt.

In de kelders onder het Pavillon Carré, daar waar de oorspronkelijk protestantse Hendrik IV zijn appartementen had nadat hij Parijs 'een mis waard' gevonden had (1593) – dus nadat hij katholiek geworden was om zijn koningschap daadwerkelijk in de hoofdstad te kunnen uitoefenen – werden talloze oudheidkundige schatten bewaard in grauwe kartonnen dozen. Normaal gesproken stonden die archeologische vondsten en erfstukken uit de glorieuze Franse geschiedenis allemaal keurig ingeschreven in een groot register met zestigduizend nummers, zijnde de totale rijkdom van het museum.

Of iemand de genummerde voorwerpen nog kon terugvinden, werd niet meer nagegaan. Het vermoeden bestond dat dat ook zinloos was. De dozen stonden er als het ware om er een discrete greep in te doen en kennelijk gebeurde dat ook. Een zeldzaam zestiende-eeuws harnas bijvoorbeeld was stukje bij beetje naar buiten gesmokkeld. Door een totaal chaotische inrichting, in de loop der eeuwen door steeds weer nieuwe verbouwingen en veranderende bestemmingsplannen ontstaan, waren er nauwelijks zogenoemde technische ruimten over voor opslag en administratie die in een modern museum zo'n veertig procent van het totaal zouden moeten beslaan. In het Louvre was dat hoogstens tien procent en de nu zo fraai gerestaureerde Richelieu-vleugel langs rue de Rivoli werd geheel door het ministerie van Financiën ingenomen. Kortom, in de jaren zestig en zeventig was het Louvre zoiets als een zieltogende dinosaurus. Nog niet zo lang geleden ontbrak het nog aan elektriciteit in de kleine galerij, de voormalige woonvertrekken van de koninklijke familie.

Het plan voor *Le Grand Louvre* waarmee de toenmalige president François Mitterrand kort na zijn verkiezing in 1981 kwam, was dus geen luxe. Van alle grote werken die hij in de Franse hoofdstad heeft ondernomen, is het ongetwijfeld zijn magnum opus. Natuurlijk, zijn megaproject stuitte op heftige protesten. Zo'n ingrijpende renovatie, die gepaard ging met een totale herbezinning op bouwkundig en vooral museaal gebied, moest wel tot gepassioneerde discussies leiden. Toen de president ook nog de Amerikaans-Chinese architect Ieoh Ming Pei met zijn piramide midden op de Cour Napoléon aanwees als de voornaamste bouwmeester, was Parijs helemaal te klein. Volgens een gezaghebbende architectuurrecensent van toen zou het allemaal iets krijgen van 'Hollywood-decors' en zou het Louvre hoogstens nog een filiaal van Disneyland zijn. Met een maquette op ware grootte moest de publieke opinie worden overtuigd. In het buitenland sprak men natuurlijk van presidentiële grootmoedswaan, van die onbedwingbare Franse *grandeur*.

Het heeft Mitterrand allemaal weinig gedeerd, ook al omdat grandeur in Frankrijk geen schande is. En waarschijnlijk heeft hij daar goed aan gedaan. Als fijnzinnig politicus die zijn pappenheimers kent, had hij het op een akkoordje gegooid met de toenmalige Parijse burgemeester Chirac, jarenlang een van zijn felste tegenstanders en sinds mei 1995 zijn opvolger. In de Franse politieke context was een dergelijk herenakkoord niet voor de hand liggend. Maar Mitterrand wist Chirac ervan te overtuigen dat ze ondanks hun politieke meningsverschillen een gezamenlijk belang hadden. Parijs kreeg veel geld van de landelijke overheid voor leuke dingen, Mitterrand had veel grote culturele beloften in te lossen. Vanaf dat moment werd hij ook wel Mitterramsès genoemd.

Geen mens dat nu nog beweert dat het grote Louvre een mislukking is. Het geld, meer dan een miljard euro, is goed besteed, zo luidt het algemene oordeel. De uitvoering van het werk is, zoals gezegd, voortvarend verlopen. Uiteindelijk zou alles met iets meer dan een jaar vertraging (eind 1997) worden opgeleverd. Nou alles, er wordt nog steeds gebouwd en gedaan, maar inderdaad, het meeste is gebeurd. Er was een geldig excuus voor de vertraging. Er was extra tijd nodig om nieuwe opgravingen te verrichten toen er tijdens de sloop nog weer allerlei interessante archeologische ontdekkingen werden gedaan. Voor de anekdote is het aardig te melden dat ook enige politieke strijd vertragend werkte. Vlak voor de eerste *cohabitation* in 1986 had Mittterand de deftige burelen van de minister van Financiën uit de Richelieu-vleugel laten verhuizen om z'n handen vrij te hebben. Het gros van de ambtenaren was al een indrukwekkende nieuwbouwkolos aan de oostkant van Parijs ingetrokken. De nieuwe bewindsman op Financiën, Edouard Balladur, later een ongelukkige presidentskandidaat, liet meubilair en stoffering weer terugkomen, omdat hij de nieuwe huisvesting niet chic genoeg vond. Dat kostte anderhalf miljoen euro extra voor een periode van krap twee jaar, want toen verdween hij weer. Mitterrand liet de boel alsnog ontmantelen, incident gesloten, het Louvre was vrij.

En zo zijn ook de Tuileries geheel gerenoveerd en is er een nieuwe loopbrug, Pont de Solférino, tussen het Louvre en het Musée d'Orsay met z'n collectie impressionisten aan de overzijde van de Seine. Daarmee is er ook een goede verbinding met het ondergrondse RER-station vanwaar je Lode-

wijk XIV, ongelukkige bewoner van het Louvre, zo naar zijn al even megalomane paleis in Versailles kunt volgen.
Voor de renovatie besloeg het museum 57.200 (zevenenvijftigduizendtweehonderd) vierkante meter, nu is dat drie keer zo veel. Dankzij de centrale hal, een soort verdeelstation, onder de piramide van Pei, is de loopafstand naar de verschillende afdelingen van het museum veel korter geworden. In nauwelijks een decennium is het aantal bezoekers verdubbeld tot vijfeneenhalf miljoen. Niet alleen de toeristen maar ook de Parijzenaars komen weer naar het Louvre dat z'n collectie nu zo fraai en stofvrij presenteert. Gewoon dwalen en zelfs verdwalen door het immense paleis is op zichzelf al een genoegen. Van een stoffige antiquiteitenwinkel is het Louvre een moderne onderneming geworden met meer dan zestienhonderd man personeel, een eigen uitgeverij, een eigen productiemaatschappij, eigen cd-roms, eigen winkels.

[Route]

We hadden drie nummers (89-91) overgeslagen. Nu zijn we binnen.

No. 89: De snelste weg is via toegang Dénon. Weet wel dat de hierna volgende afdeling maar de helft van de tijd open is, maandag, woensdag en vrijdag. Via zaal B naar zaal 27, ROME V ANTIQUITÉ TARDIVE. Vandaar naar zaal 21, Salle de Qabre Hiram. Links van de doorgang en rechts van de vitrine met sieraden uit de vierde eeuw. Dit was vroeger, ten tijde van de koningin-moeder, de Salle des Muses en vanaf het midden van de vorige eeuw kantoor. Maar alles is zo ingrijpend verbouwd en veranderd dat er niets van weleer over is.

No. 90A: Doorsteken naar zaal 31, Cour du Sphinx, plaatje ligt bij pootloze leeuw. Ook hier stootte ik tijdens mijn inspectie m'n neus. Ingehaald door de actualiteit. De binnenplaats van de Sfinx wordt voorlopig als opslagruimte gebruikt vanwege de mogelijke overstroming van de eeuw. (Zie ook plaatje 78.)

No. 90B: Bij de voet van Rome le Tibre die begeleid wordt door een wolvin en de Romeinse oertweeling Romulus en Remus. Zoals het woord 'Cour' aangeeft was dit ooit een binnenplaats of een tuin, in dit geval grenzend aan de woonvertrekken van Anna van Oostenrijk. Zie verder 90A.

No. 91: Achter de Tiber is een trappenhuis, plaatje 91 ligt, voor we de trap opgaan, aan de linkerkant. Dus al we richting Victoire de Samothrace (overwinningsgodin van Samothrake) kijken. Het beeld is een van de topstukken van het museum. Het werd in 1863 ontdekt door de Franse archeoloog Champoiseau op het Griekse eiland Samotraki. Het beeld was waarschijnlijk bedoeld om een gewonnen zeeslag te vieren.

Nu via de ondergrondse gangen naar de andere zijde van de Cour Napoleon lopen, naar de Richelieu-vleugel. Eventueel via Sully en de Salle des Cariatides om even te zien waar de Bartholomeusnacht begon. Dan de centrale hal in richting Richelieu. Kijk vanaf de galerij door het glazen dak even naar buiten, naar de gevels. Mooi gezicht.

No. 95: Vanuit de toeganghal de eerste gang rechts. Roltrappen met zicht op Arts d'Islam. Naar etage erboven. Rechtsom lopen tot aanduiding REZ DE CHAUSSÉE. Daar ligt het plaatje tussen de roltrappen

No. 96A: Weer rechtsom, dan links naar het balkon in de Cour Puget met de *sculptures françaises*. Eenmaal daar helemaal omlopen. Trap af rechts. Dan in de linkerhoek, in de schaduw van een beeld van Thomas Regnaudin (1622-1706). Saturnus die de godin Cybele schaakt om haar vervolgens te bezwangeren van de twaalf Olympische goden. Het beeld was ooit bedoeld voor het park in Versailles.

No. 96B: Weer de trap af, recht tegenover bij de doorgang naar de Cour Marly. Dat waren de nummers in het Louvre.

Het Louvre verlaten via de voetgangerstraverse tussen piramide en rue de Rivoli, passage Richelieu dus, die precies tegenover metrostation Palais Royal-Musée du Louvre uitkomt. Dankzij de grote hoge ramen in de passage kunt u nog even een blik naar binnen werpen en de zinnen scherpen.
Er is hier overigens een zeer aangename pleisterplaats, Le Marly (ingang links Passage Richelieu). Het is een van de gelegenheden in Parijs waar je je graag laat zien, waar het terras een heerlijk uitzicht verschaft en – o mirakel – men heeft er tot op heden een alleszins redelijke kwaliteit weten te handhaven. Een nette toeristenval dus.

No. 97A: Midden voor de uitgang van de passage Richelieu. Drie meter van de dubbele hekken.

No. 97B: Iets verder links op de stoep bij de oversteekplaats. Zie alleen gapend gat met sigarettenpeuken. Pal ernaast paaltje van de Méridienne Verte.

No. 98: Aan de overkant op place Colette tussen de metro-uitgang en de lantaarnpaal. Helaas, nieuw asfalt.

Colette

De met een plein geëerde Colette (1873-1954) is een geval apart in de geschiedenis van de Franse literatuur. Als jong meisje trouwde Gabrielle Colette in 1893 met de journalist Willy die het literaire en artistieke Tout Paris frequenteerde en veel buitenhuizige dames. Willy zette zijn jonge vrouw aan om haar herinneringen aan school op te schrijven en publiceerde die onder zijn eigen naam. Het eerste boek onder de titel *Claudine à l'école* is het begin van een zeer geslaagde, bijna legendarische vervolgserie. Nog altijd verschijnen ze onder de naam van Willy.

De 'gouden zon' die Colette volgens haar moeder is, emancipeert echter. Ze begint onder haar eigen naam te schrijven en heeft vanaf 1905 zelfs een openlijke relatie met een andere vrouw. Zij en Willy gaan uit elkaar. Colette heeft zich ook onder eigen naam doen kennen als een getalenteerde schrijfster. Om geld te verdienen danst ze pikant uitgedost voor het soort publiek dat ook Mata Hari zo goed wist te charmeren. Er hangt een sfeer van non-conformisme en schandaal rond haar. Later treedt Colette ook als actrice in haar eigen toneelstukken op. Vandaar dat men haar de Mistinguette van de Franse literatuur noemt, naar de variété-artieste die in het interbellum wereldberoemd was.

De schrijfster en journaliste trouwt in 1911 met de man van wie ze zwanger is, haar redactiechef Henri de Jouvenel, die al een zoon heeft, Bertrand geheten. Ruim tien jaar later publiceert ze haar beste roman *Chéri*, die vervolgens voor het toneel is bewerkt. Ze breekt met de vader en gaat verder met de zoon; zij is eenenvijftig, hij is twintig. Een jaar eerder heeft ze voor het eerst een *Claudine (la maison de Claudine)* onder eigen naam getekend.

In 1927 vestigt ze zich in een appartement op nummer 9 van rue de Beaujolais, aan de noordkant van de Jardin du Palais Royal. Drie jaar later zakt het plankier door en ze verhuist voor vijf jaar naar hotel *Claridge* op de Champs-Elysées. Ze is buitengewoon productief, schrijft weer een beroemd boek, *Le Blé en Herbe,* en leeft met de ook al weer veel jongere Hollandse Maurice Goudeket met ze wie een schoonheidssalon opent in rue de Miromesnil. Een affaire die mislukt. De joodse Goudeket werd in de oorlog opgepakt en in afwachting van zijn transport in Drancy vastgezet. Dankzij haar relaties wist Colette hem los te praten en deportatie te voorkomen. In 1945 is ze de eerste vrouw die gekozen wordt tot lid van de Académie Goncourt die de belangrijkste literaire prijs in Frankrijk uitdeelt. Ze is ook de eerste schrijfster die na haar dood in 1954 een staatsbegrafenis krijgt. De pastoor van de dichtstbijzijnde kerk had zijn medewerking overigens geweigerd. Voor de kerk was ze te zondig. Wat haar notoriëteit natuurlijk nog heeft vergroot. In 1955 publiceerde Maurice Goudeket herinneringen aan zijn jaren met Colette onder de titel *Près de Colette.*

No. 99: Steek het plein schuin naar links over en vervolgens ook de straat. Links van de Conseil d'Etat, de Franse Raad van State, vier meter rechts van het naambordje rue Saint-Honoré, precies onder de meest linkse zuil. Een rond gat en een paaltje van de groene meridiaan.

No. 100: Rechts de hoek om, daar ligt de volle honderd onder een van de tafeltjes van het terras van Le Nemours, precies onder de naam boven het raam.

No. 101: Bij het bordje Le Palais Royal, rechts naast de doorgang naar de galerie de Chartres, links naast de etalage van de souvenirwinkel Noxa.

No. 102: Midden in de doorgang ter hoogte van (rechts) de dienstingang (Entrée de service) Comédie-Française.

De Cour d'Honneur, het ereplein, achter de Raad van State, rechts van de Comédie-Française dus, de binnenplaats met de aanvankelijk zo omstreden want ietwat postmoderne zuilen van Daniël Buren. Hij ontwierp deze zuilen en plaatste ze in opdracht van de toenmalige minister van Cultuur, Jack Lang, die vanuit z'n werkkamer aan de oostkant op het plein uitkeek en tot z'n irritatie zag dat er veel auto's schots en scheef stonden. Velen vonden de auto's minder erg dan deze uiting van moderne kunst die ze beschouwden als een schending van de historische omgeving. Zijn opvolger wilde de binnenplaats weer laten ontruimen, maar dat bleek bij nader inzien een te kostbare vorm van kapitaalvernietiging. Toen ook nog de vrouw van een politiek bevriende minister het voor Buren opnam, mochten de zuilen blijven. Maar omstreden zijn de zuilen nog altijd.

No. 103: Onder de linker zuilenrij (knipoog terug naar Buren) ligt het plaatje tegen het raam van de kantine van de Comédie-Française aan.

Comédie-Française

Wat de Académie française is voor het Frans – een soort monumentenzorg voor de taal – is de Comédie-Française voor de toneelkunst. Men speelt er in de eerste plaats de klassieken (Molière, Corneille, Racine, Marivaux, De Musset) van het Franse repertoire, maar ook veel recentere stukken. Ze moeten wel op z'n minst tien jaar eerder in première zijn gegaan en van Franse auteurs zijn. Er mogen ook stukken van buitenlandse auteurs worden gespeeld op voorwaarde dat de uitverkorenen het land der levenden hebben verlaten. Een avond (of meer avonden) naar de Comédie-Française is aan te bevelen: de acteurs zijn meestal uitstekend, de opvoeringen op z'n minst van de betere middelmaat en de tradities zijn authentiek. We weten ons hier op een concentratiepunt van Franse cultuur en misschien zelfs identiteit.

Over zo'n eerbiedwaardig instituut als de Comédie-Française zijn natuurlijk veel verhalen in omloop, over bittere rivaliteiten, aanbeden *tragédiennes,* koninklijke favorieten, politieke conflicten, eeuwige reglementen en lieve leugens om de legende.

Strikt genomen is de Comédie-Française nooit '*la Maison de Molière*' geweest, zoals men vaak wil doen geloven. Frankrijks grootste toneelschrijver aller tijden stierf in 1673, zijn beschermheer Lodewijk XIV tekende pas op 21 oktober 1680 het besluit dat tot de oprichting leidde van de Société des Comédiens français, kortweg 'Comédie-Française' genoemd. De Comédie is geen schouwburg maar een gezelschap dat in de meest uiteenlopende theaters heeft gespeeld. In de eerste jaren zwierf het door Parijs op zoek naar goede accommodatie. Zo gauw de Comédie zich in een bepaalde parochie wilde vestigen, kwamen er heftige protesten van de direct betrokken pastoor, want toneelspelen was duivelskunst. Toen een beroemde actrice, Adrienne Lecouvreur, tijdgenote en vriendin van Voltaire, op haar achtendertigste overleed, hield de pastoor de deur van de Saint-Sulpice gesloten, haar werd een kerkelijke begrafenis geweigerd, want ze had haar beroep niet tijdig afgezworen. De schrijver en filosoof heeft later beschreven hoe het lichaam midden in de nacht in het geniep ergens langs de Seine werd begraven. Hij droeg aan haar een gedicht op dat clandestien werd verspreid.

Wat zou u zeggen, toekomstig ras,
als u van zo een onterende belediging getuige was
die de kunsten wordt aangedaan door wrede mensen?
Ze ontzeggen een graf
aan haar voor wie men in Griekenland een altaar zou wensen.

Pas sinds 1799 is het gezelschap definitief gehuisvest in het oude theater van het Palais Royal, later Théâtre français of ook wel kortweg 'Le Français' genoemd. Daar, in Le Français, heeft Molière met zijn eigen groep gespeeld en daar heeft hij tijdens een uitvoering van *Le malade imaginaire* (hij speelde de rol van Argan) de malaise gekregen die enkele etmalen later zijn dood thuis in de aanpalende rue de Richelieu tot gevolg had. Hij is dus niet op het toneel overleden, zoals de legende wil en ook niet in de stoel uit het stuk die als een relikwie bewaard gebleven is en in de foyer van het theater troont. Maar, toegegeven, veel scheelde het niet.
Dus de Comédie-Française is vaste bespeler van het Théâtre français net zoals Molière met zijn *troupe du roi* dat was. In de volksmond is Le Français inmiddels La Comédie-Française en voor het gemak ook het huis van Molière. Kwestie van Parijse subtiliteiten, wat niet wegneemt dat in gidsen van gebouwen en monumenten de Franse comedie niet voorkomt en het zaak is te zoeken bij Théâtre français.
De oprichting van de Société des Comédiens français in 1680 vormde de eindfase van een fusieproces van diverse gezelschappen die actief waren in de Franse hoofdstad. De koning versterkte de centraliserende rol van de overheid op

alle gebieden, militair, administratief, politiek en zeker ook in het zo gevoelige domein van de cultuur. In de oprichtingsakte schreef Louis Quatorze: 'Zijne Majesteit heeft verordonneerd en verordonneert dat de gezelschappen van Franse komedianten samengevoegd worden tot één en dezelfde groep waarvan de samenstelling door Zijne Majesteit wordt bepaald. Om hen in staat te stellen zich meer en meer te perfectioneren is de wil van Zijne Majesteit dat de desbetreffende groep alleen de Parijse comediën vertegenwoordigt waarmee het alle andere Franse comediën verboden is zich in de stad of de buitenwijken te vestigen zonder uitdrukkelijke toestemming van Zijne Majesteit.'

Emile Fabre, directeur van 1915 tot 1936, vatte de koninklijke bemoeienis als volgt samen: 'De Société des Comédiens français heeft geen rechten; ze is in handen van de regering. Of men dat nu wil of niet, meteen vanaf haar oprichting draagt het gezelschap het kenmerk van onderworpenheid.'

Na alle revolutionaire opwinding kwam keizer Napoleon in 1812 met een dergelijke oekaze, het zogenoemde 'Decreet van Moskou' (de keizer was die kant uit en wist nog niet wat hem bij de Berezina te wachten stond). In *La Comédie-Française* schrijft Patrick Devaux: 'Het decreet getuigt van het heersende despotisme waarmee de vrijheden van de Comédie worden aangetast. Dat is ongetwijfeld de prijs die werd betaald voor de gunsten waarvan ze tijdens het Keizerrijk zou profiteren.'

De situatie is niet zo veel veranderd. De directeur van de Comédie-Française, officieel 'administrateur' geheten, wordt nog altijd door het staatshoofd benoemd, nu de president van de republiek dus, en omdat de Franse president rechtstreeks gekozen wordt en dus een politieke stroming vertegenwoordigt, is dat in veel gevallen een hoogst politieke benoeming. Alsof de woorden van Richelieu ('de literatuur bestuur je als de rest, het is goed als ze aan de publieke autoriteit onderworpen is') nog altijd geldig zijn.

Acteur of actrice zijn bij de Comédie-Française is deel zijn van een elite en onderdeel van een eeuwenoude traditie. Materieel zit je goed, maar de vrijheid is beperkt. Van grensverleggende experimenten kan nauwelijks sprake zijn, de Comédie moet het hebben van de gevestigde orde. Zoals de officiële naam het zegt, is het gezelschap een *société*. De voornaamste toneelspelers zijn aandeelhouder en delen in de opbrengst. De zogenoemde *sociétaires* wijzen elkaar aan, dat is niet meer een koninklijk voorrecht.
Al vrij snel na de oprichting werd er steeds minder acht geslagen op de wensen van de koning als het om nieuwe spelers ging. Men zei eenvoudigweg dat het budget op was en er dus geen geld meer was voor de protégés van Zijne Majesteit. Deze besloot toen om acteurs en waarschijnlijk vooral actrices uit eigen zak te betalen. Ze konden dus niet meer geweigerd worden. Edoch, ze werden geen *sociétaires* maar *pensionnaires*.
Dat onderscheid bestaat nog altijd. Tegenwoordig wordt een pensionnaire na auditie voor hoogstens twee jaar aangenomen. Eens per jaar bepaalt een *comité d'administration* bestaande uit acht sociétaires plus de administrateur welke pensionnaire wordt aangenomen of voor promotie tot sociétaire in aanmerking komt. Het kan ook zijn dat z'n contract niet wordt verlengd.
Een sociétaire krijgt een aanstelling voor tien jaar plus drietwaalfde van een aandeel. Er zijn tweeëndertig aandelen, ieder onderverdeeld in twaalfden. Het comité beslist of iemand na enige tijd recht heeft op meer. Als een sociétaire voortijdig de Comédie wil verlaten, betaalt hij of zij een afkoopsom. Na tien jaar worden de contracten steeds met vijf jaar verlengd en na dertig jaar nog slechts jaarlijks. Na elke termijn kan het comité besluiten om de overeenkomst te beëindigen. Een acteur of actrice kan verlof vragen om elders te spelen. In Parijs mag dat alleen in een ander nationaal theater (dus niet in het vrije circuit) of in een film.

Een eeuw lang mocht het Franse koningshuis zich graag met de Comédie vermeien. Later was ook Napoleon een groot liefhebber, tweehonderdzeventig keer nam hij zijn keizerlijke loge in. Hij betaalde er eenentwintigduizend francs per jaar voor. Familieleden en hoge ambtenaren werden geacht zijn voorbeeld te volgen. Het theater werd een plek waar je diende te zijn, het ambtelijk nut won het ruimschoots van het dramatisch genoegen.

Het kwam voor dat de Comédie-Française zich bijna rebels toonde zoals met de stukken van Pierre Augustin Caron de Beaumarchais (1732-1799), *Le barbier de Seville* (1775) en *La folle journée ou le mariage de Figaro* (1784) waarin stoutmoedig kritiek werd geleverd op de Franse samenleving en vooral de rol van de adel daarin. De revolutionair Danton verklaarde later zelfs: 'Figaro heeft de adel gedood.' Toen Beaumarchais zijn *Figaro* wilde laten opvoeren, wenste de koning, de toenmalige Lodewijk XVI, het eerst zelf te lezen. 'Het is afschuwelijk, dit wordt nimmer gespeeld: je zou de Bastille moeten vernietigen om te voorkomen dat de opvoering van dit stuk niet een gevaarlijke inconsequentie zou zijn. Deze man speelt met alles wat je in de regering zou moeten respecteren,' aldus Louis Seize. Een paar jaar voor de Revolutie (1789) waren die woorden in zekere zin profetisch.

Een min of meer dissidente graaf, comte de Vaudreuil, liet het stuk op zijn privé-domein in de tegenwoordige voorstad Genevilliers opvoeren en dat werd natuurlijk bekend. Opschudding en sensatie. Na aandringen van vele persoonlijkheden ging de koning door de knieën en het kon niet anders of een al zo omstreden stuk werd een enorm succes. De sociétaires konden rekenen op een forse winstdeling, voor het eerst werd een schrijver rijk aan een toneelstuk. Beaumarchais toucheerde veertigduizend francs royalty's, wat toen een gigantisch bedrag was. De koning en zijn bevoorrechte edellieden leden politiek forse schade. Zoals Napoleon enige decennia later als gepokt en gemazeld staatsman oordeelde: 'Onder mijn bewind had ik zo'n man laten opsluiten. Men had het als willekeur veroordeeld maar wat voor een dienst had je de samenleving met een dergelijke opvoering bewezen? *Le mariage de Figaro*, dat is de revolutie in opmars.' Dat Lodewijk XVI eerst zelf het stuk van Beaumarchais wilde lezen, was niet zo bijzonder; dat gebeurde vaker. Tot 1914 bepaalde het ministerie van Binnenlandse Zaken welk toneelstuk wel of niet opgevoerd mocht worden. In de relatie tussen de Comédie-Française met de overheid gaat het dan ook steeds over de kernvraag 'Wie zijn er als lid van het Comité de Lecture (commissie van bevoegde lezers) benoemd?' Dit comité was belangrijk, omdat zij de te spelen stukken voordroeg.

Zoals de katholieke kerk een actrice zondig vond als de eerste de beste slet, zo hadden toneelspelers in het algemeen geen burgerrechten voorzover die al bestonden. Ze waren afhankelijk van de goedheid van de koning. Dat verklaart waarom graaf Honoré Gabriel Riqueti de Mirabeau (1749-1791), progressief lid van de Staten Generaal van 1789, gematigd hervormer, voorstander van een constitutionele monarchie en groot spreker, 'voor joden, protestanten en acteurs' dezelfde burgerrechten als voor iedereen opeiste, wat in december van dat jaar een feit werd.

Door de Revolutie kreeg de vernieuwing ook bij de Comédie-Française een kans, vooral door het optreden van de jeugdige pensionnaire François Joseph Talma (1763-1826), de in Parijs geboren zoon van een tandarts van Friese afkomst. Als *tragédien* in het stuk *Brutus* van Voltaire verscheen hij blootbeens, met kort haar en in simpele klassieke toga ten tonele. Dat was voor die tijd van pathos en woeste aankledingen op zich al een revolutie. Een beroemde en al wat oudere vrouwelijke collega riep: 'Lieve heer, wat is hij lelijk, net een standbeeld.'

Talma was plotseling populair en deed een greep naar de

macht. Ook hier de afschaffing van voorrechten die er bijvoorbeeld uit bestonden dat hoogbejaarde acteurs vanwege vriendjespolitiek nog altijd de rol van *jeune premier* speelden. Zo was het voorgekomen dat de op papier zo jonge onstuimige ridder na elke knieval voor zijn geliefde door twee pages overeind geholpen moest worden, omdat de acteur die inhoud gaf aan de rol zo oud was dat hij dreigde om te vallen of in amechtig gekuch uit te barsten wanneer hij zich weer diende te verheffen, het liefst ook nog met jeugdig elan. De aanslag op de gevestigde orde werd Talma door de bedreigde collegae niet in dank afgenomen. De opvoering van *Charles IX* van Marie-Joseph de Chenier, een felle aanval op de rol van de monarchie en de katholieke kerk in de verschrikkelijke Bartholomeusnacht (zie ook 'Palais du Louvre'), gaf hun een handvat om Talma de deur te wijzen. Het stuk was politiek buskruit. Onder dwang van het volk was de koning net vanuit Versailles teruggekeerd naar zijn Tuileries-paleis en werd dus rechtstreeks uitgedaagd met een zware aanval op zijn voorvaderen en het koninklijke absolutisme dat nog altijd als principe gold. Danton maakte zijn eerder geciteerde zin af: 'Als Figaro de adel gedood heeft, dan doodt Charles IX de monarchie'.

Maar vooral het feit dat de jonge Talma zichzelf de hoofdrol toekende toen een oudere acteur het liet afweten, was voor een deel van de sociétaires te veel. Ze stemden hem weg. De revolutionaire burgemeester van Parijs, Bailly, dreigde het theater te sluiten als de voorstellingen met Talma niet werden hervat. Dat geschiedde. Het gevolg was een splitsing: een deel van de sociétaires stak de Seine over en vestigde zich in het tegenwoordige Théâtre de l'Europe (Odéon) dat men toen op het ritme van de politieke ontwikkelingen achtereenvolgens Théâtre français (1782), Théâtre de la Nation (1789), Théâtre de l'Egalité, section Marat (1793), Odéon (1797) en Théâtre de l'Impératrice (onder Napoleon) noemde. Het toenmalige Théâtre du Palais Royal werd Théâtre de

la Liberté et de l'Egalité en vervolgens Theater van de Republiek. Voor hij werd gearresteerd, werd de koning nog een keer in het Odéon gesignaleerd samen met zijn echtgenote Marie-Antoinette, bij de dissidenten op de rechteroever lieten zij zich niet zien.
Het revolutionaire bewind legde steeds meer censuur op. Er moest geschrapt worden in klassieke stukken, tot in die van Molière toe. De fanatieke jacobijnen – initiators van het Schrikbewind – beschouwden de voorstellingen in het Theater van de Gelijkheid steeds vaker als provocaties. De Odéon-schouwburg werd gesloten en de acteurs gearresteerd. Collot d'Herbois, mislukt toneelspeler en verbitterd auteur, aldus Patrick Devaux in *La Comédie-Française*, zette als lid van het uitvoerende Comité de Salut Public, belast met toneelzaken, de letter 'G' op de papieren van hen die hem niet welgevallig waren. De G van guillotine.
Hetzelfde Comité had een andere acteur, Charles-Hippolyte Delpeuch de Labussière, belast met het verzamelen van bewijsmateriaal. Met veel sluwheid en persoonlijke moed slaagde hij erin verwarring te stichten. De dossiers waren op onverklaarbare wijze onvolledig, klopten niet, papieren verdwenen en doken elders op. Het gevolg was steeds weer uitstel. Aldus redde hij zijn kameraden die in hun oneindige dankbaarheid pas in 1803 een benefietvoorstelling gaven voor hun redder die in de grootste misère leefde.
In 1799 ontstaat er brand in het Odéon, aan het Schrikbewind is vier jaar eerder een eind gemaakt, het is tijd voor verzoening. Het in twee groepen gesplitste gezelschap wordt door het nieuwe bewind samengebracht en Talma psalmodieert: 'Welk schitterend Jeruzalem staat op uit het diepst van het graf?' De vraag was retorisch; de Comédie-Française herleefde. De hernieuwde toneelgroep start met *Le Cid* van Corneille en is daarna niet meer uit het Théâtre français weggeweest.
Behalve de beroemde Talma, die in zijn tijd als een groot to-

neelvernieuwer werd gezien, zijn het vooral actrices van de Comédie-Française die eeuwige bekendheid hebben verworven. Ze vervulden de hoofdrol in treurspelen, een genre dat als het hogere werd beschouwd in tegenstelling tot de komedies die ook al in een ver verleden meer publiek trokken dan het serieuze toneel. De vrouwen die zich in dat soort treurige stukken met onontkoombare lotsbestemming, rampzalige uitkomsten en vergeefs verzet tegen hogere machten hadden gespecialiseerd, waren *tragédiennes* die als geen ander de tragiek wisten te belichamen waarbij een oneindig vibrerende tremolo in de stem onmisbaar was. Pathos, pathos en nog eens pathos, kennelijk smulde men ervan.

In bange tijden van oorlog of revolutie werd dan ook op hen een beroep gedaan om de *Marseillaise* te declameren. Rachel, de allerberoemdste van de beroemdsten, trok in de revolutionaire periode van 1848 volle zalen met haar vertolking van het volkslied. Bij de omsingeling van Parijs door de Pruisen van Bismarck in 1870 was het Madame Agar die de menigte in extase bracht door de *Marseillaise* vierenveertig keer op één avond te herhalen. Alsof daarmee het gebrek aan wapens en voedsel werd goedgemaakt.

En door de tijden heen waren daar natuurlijk de heren die in het donker van hun loge geheime passies voor de schoonheden op het toneel ontwikkelden. Ze bezongen hun schoonheid en betaalden er soms voor. Sommige tragédiennes waren levende legenden, ze zijn dat na hun dood gebleven.

Een van hen is La Clairon (Claire-Joseph Leiris,1723-1803) die over zichzelf zei dat ze zich de geheimen van het zinnelijke genot even snel eigen maakte als de eerste toneelteksten die ze moest leren. Zo werd ze beroemd in de brede betekenis van het woord: ‘Parijs lag aan mijn voeten, over Beieren heerste ik. Ik heb oorlogen en revoluties overleefd. Ik heb armoede, schande, pijn en ziekte gekend. Ik ben met veel mannen omgegaan en een paar vrouwen. Ik heb de geheimen van hun leven gedeeld.’ Edwige Feuillère, zelf beroemd sociétaire van de Comédie, wijdde een paar jaar geleden een geromantiseerde biografie aan La Clairon waaruit onder meer blijkt dat ze vijf jaar na invoering van de republikeinse jaartelling nog steeds de nieuwe maanden en dagen niet uit haar hoofd kende. Feuillère omschreef haar als 'libertijns en zedig, op geld belust en genereus, toneelspelend en oprecht, zonder vooroordelen en zonder illusies. Vrij, realistisch en intelligent, La Clairon is een vrouw van onze tijd.' Het boek is interessant omdat het een aardig beeld geeft van die vrouw in haar eigen tijd, hoe ze laveerde tussen toneel en slaapkamer, tussen wat niet mocht en net nog kon.

De al eerder genoemde Rachel (1821-1858) deed niet voor La Clairon onder en wint het misschien wel van haar, omdat ze zo jong gestorven is. Ze was een echte diva waarmee de directeuren heel wat te stellen hebben gehad. Als sociétaire heeft ze verreweg de meeste twaalfden in de geschiedenis van de Comédie toegewezen gekregen en ze had recht op lange verloven om elders te spelen, wat de inkomsten van de Comédie niet ten goede kwam. Ook zij wond de mannen om haar vinger. Napoleon III genoot. Victor Hugo oordeelde dat zij 'van Corneille en Racine hedendaagse genieën maakt' en de zeer gewaardeerde toneelschrijver Alfred de Musset bleef zowat in al zijn poëtisch talent steken, toen hij zich met zijn pen aan haar waagde: '...sterke intuïtie, onwetend, een echte zigeunerprinses, een snufje as met heilige vonk. Daarin herken je het goddelijk kunnen, onverklaarbaar, als een openbaring. Zo is het genie...'

Ze ligt zoals veel beroemdheden begraven op Père Lachaise en het verhaal gaat dat jonge aanstormende acteurs zich jarenlang om haar graf verzamelden. Daar declameerden ze de stukken die zij met zo veel succes had gespeeld. In de hoop dat haar talent ook in hen zou varen.

De later zo bekende Sarah Bernardt heeft nooit veel met de Comédie-Française opgehad. Ze is er maar een paar jaar gebleven. Ze had andere ambities en vooral ook een grote behoefte aan vrijheid. De laatste grote crisis tussen overheid en Comédie dateert van 1959 toen André Malraux, minister van Cultuur onder De Gaulle, zijn greep op het gezelschap probeerde te verstevigen door alle leden van het bestuur te willen benoemen. De opwinding was groot, Malraux haalde bakzeil. Een paar jaar geleden nog, toen de macht van links naar rechts overging, ontstond er publiekelijk onrust over de benoeming van de administrateur. Ook de nieuwe regering hechtte aan symbolen en daartoe behoort zeker de Comédie-Française. Die laat je niet zo maar aan een ongebonden theaterman over.

Het is de Comédie-Française niet slechter gegaan. Er is gebouwd, gerenoveerd, uitgebreid. Het geheel vernieuwde theatertje Le Vieux-Colombier, bekend van tal van gedurfde experimenten, is de Comédie toegewezen en zo krijgen de suppoosten van het repertoire zelfs de kans om binnenshuis op theatraal avontuur te gaan.

[Route]

No. 104: Links om de hoek, in Péristyle de Chartres, ligt het plaatje nog altijd tegen het kantineraam aan. Rechts de Jardin du Palais Royal, de tuin van het vroegere koninklijke paleis.

No. 105: Voor de pijpenwinkel *A l'Oriental*.

De koninklijke tuin

Een zekere heer Rousseau, horlogemaker van beroep, voorzover ik weet geen familie van Jean-Jacques, werd al in 1786 gebiologeerd door het idee dat er een meridiaan door zijn boetiek liep. Daar was een beetje goed geloof voor nodig, want volgens de berekeningen voor het monument van Dibbets loopt de lengtecirkel algauw links van de tuin weg over rue de Montpensier en rue de Richelieu. Wie weet zag heer Rousseau de meridiaan wat breder. Hoe dan ook, hij zette een klein kanon op de lengtecirkel neer. Mooi in de lengterichting.

Het stukje geschut zat ingenieus in elkaar. Er zat een loep op die zo precies was afgesteld, dat de zon het kruit pal op het middaguur tot ontploffing bracht. Boem, het is twaalf uur, iedereen kon er de klok op gelijkzetten.

Dat er niet alle dagen zon was, had de horlogemaker voorzien. Op het kanon liet hij in het Latijn de volgende inscriptie graveren: *Horas non numero nisi serenas* , ik tel alleen de gelukkige uren. *Le sieur Rousseau* werd als een weldoener van de mensheid beschouwd en zijn winkel op nummer 95 van de Galerie du Beaujolais voer er wel bij.

Waar het kanon precies stond, heb ik niet kunnen achterhalen want, zoals gezegd, de meridiaan raakt de tuin maar even aan. Als het kanon dus exact op de meridiaan was neergezet, moet dat ergens tussen medaillon 103 en 105 zijn geweest. Erg logisch was het plekje niet, want in 1799 werd het kanonnetje verplaatst naar het grasveld midden in het park, aan de kop van het eerste prieeltje, vlak achter de zitbankjes. Even goed kijken, zelf dacht ik aanvankelijk met een wat ouderwets model sproei-installatie van doen te hebben. Gelukkig staat er rechts van het prieel in de heg een bord waardoor aan alle onzekerheid een einde kwam.

Tot in 1914 viel het kanonschot elke dag tot ieders tevredenheid. Godlof heer Rousseau. Door een overdaad aan kanongebulder in de jaren daarna, was er kennelijk geen behoefte meer aan een middagschot. Heer Rousseau had van tevoren gewaarschuwd, het kanon zou alleen op gelukkige uren afgaan. In 1990 werd het dagelijkse kanonschot in ere hersteld, het geluk was terug mede door een sponsor, *le sieur Vuitton*, die in reistassen doet. Maar op onverklaarbare wijze is het schiettuig weer verdwenen en de mooie traditie weer stopgezet. Maar het bord met uitleg staat er nog wel.

De gebouwen rondom zijn een mooi voorbeeld van projectontwikkeling in de tweede helft van de achttiende eeuw. Philippe, hertog van Orléans, neef van Lodewijk XVI, liet er 'flats' bouwen met daaronder winkelgalerijen aan de parkzijde. Hij was een man met een levensstijl die veel geld kostte. Op die manier verzekerde hij zich van comfortabele inkomsten. Twee grote branden in de nabij gelegen opera, in 1763 en 1781, maakten nieuwbouw hoe dan ook noodzakelijk. Het Théâtre français waar de Comédie-Française huist, is in dat jaar in de steigers gezet. In de galerijen vestigden zich winkels en vooral ook restaurants en proeflokalen. Een winkel ter grootte van een galerijboog met de verdieping erboven als woonruimte of opslag moest vijfduizend pond opbrengen, wat in verhouding niet veel minder is dan wat er nu voor moet worden betaald.
Het gebouw van de Raad van State was oorspronkelijk een paleis dat kardinaal Richelieu voor zichzelf had bestemd. Tegen de architect Jacques le Mercier zei hij dat het een bescheiden onderkomen moest worden; het zou niet zozeer het paleis van een puissant kerkvorst zijn maar van een eenvoudige diplomaat. Hij stierf op 4 december 1642, had nooit in het Palais Cardinal, het kardinaalspaleis, gewoond en vermaakte het aan de koninklijke familie die er zich in de jonge jaren van Lodewijk XIV voor enige tijd installeerde. Vandaar Palais Royal. De Zonnekoning schonk het aan zijn broer, Philippe, hertog van Orléans, de voorvader van de latere Philippe d'Orléans.

Tijdens de Revolutie werd het koninklijke paleis omgedoopt tot Palais Egalité. De eigenaar schaarde zich aan de kant van revolutionairen, werd zelfs lid van de Convention, de revolutionaire assemblée, en hield dus op edelman te zijn. Zijn nieuwe naam werd Philippe Egalité en in die kwaliteit stemde hij voor de onthoofding van zijn neef Lodewijk XVI. Niet dat hem dat heeft geholpen. Onder het motto eens van adel altijd van adel werd ook hij naar het schavot gebracht.
Zijn stemgedrag wordt hem nog altijd nagedragen door de zogenoemde 'legitimisten', koningsgezinden die een Bourbon weer op de Franse troon willen terwijl de pretendent, graaf van Parijs, een Orléans is. Overigens is er een Canadees van Nederlandse afkomst die beweert nog meer Bourbon te zijn dan de kandidaat van de legitimisten als directe afstammeling van Lodewijk XVII. Het zoontje van de onthoofde koning zou op geheimzinnige wijze zijn ontsnapt, kwam uiteindelijk in Nederland terecht en volgens de overeenkomstige grafsteen in Delft ligt hij aldaar begraven. De Canadees, makelaar van beroep, wenst eveneens voor de Franse troon in aanmerking te komen, los van de vraag natuurlijk of de troon vrij is. Volgens de koningsgezinden is dat een kwestie van geduld oefenen. Overigens heeft DNA-onderzoek de twijfels over de afstamming van de koninklijke makelaar alleen nog maar versterkt.
De Jardin du Palais Royal van de hertogelijke projectontwikkelaar was particulier terrein en Philippe d'Orléans Egalité zorgde ervoor dat het zo bleef. De politie had geen toegang. De tuin werd een vrijplaats waar alles kon wat God en de koning verboden hadden. Politieke nieuwlichters discussieerden er en smeedden er complotten. Er waren honderddertien kroegen, waar vrouwen zich, deels ontbloot soms, aanboden. Onschuldig ogende boekwinkels bleken niet zelden een plek te zijn voor heel iets anders dan literair genot. Het kon er in de tuin zo druk zijn dat 'een uit het raam geworpen appel de grond niet zou bereiken', aldus een ooggetuige.

Op de nummers 57 tot 60 van de Galerie Montpensier bevond zich het beroemde café *Foy* waar Camille Desmoulins op de avond van 13 juli 1789 het volk opriep om de Bastille in te nemen omdat het koninklijke ontslag van minister van Financiën Necker volgens hem een slachtpartij onder patriotten inluidde.
Nu is de Jardin du Palais Royal een van de rustigste en mooiste plekjes van Parijs, met een paar stille terrassen om in de zomer buiten te eten in de heerlijke wetenschap van wat zich hier allemaal afspeelde. Lees Balzac er nog even op na in *Les illusions perdues* (1837-1843).

Die ramen die vet waren van regen en stof, die platte hutjes met vodden aan de buitenkant, het vuil van de begonnen ommuring, al die dingen die op een zigeunerkamp leken, op kermistenten, op van die tijdelijke bouwsels waarmee ze in Parijs monumenten omringen die niet worden gebouwd; die lelijkheid paste wonderwel bij al die handeltjes die wriemelden onder het afdak van onkuisheid, schaamteloos, voluit kirrend en dol vrolijk, waar tussen de Revolutie van 1789 en die van 1830 goede zaken zijn gedaan. Er waren daar boekhandels met dichtkunst, politiek en proza, modezaken en ten slotte de meisjes die er alleen 's avonds kwamen. 's Ochtends, tot een uur of twee in de middag, waren de houten galerijen [waar nu de Galerie d'Orléans is] stil en leeg. De winkeliers hadden het rijk alleen. De Parijse bevolking sprak er af na drieën, op het moment van de Beurs. De poëzie van deze verschrikkelijke bazaar werd pas zichtbaar bij het vallen van de nacht. Uit alle zijstraten kwam een groot aantal meisjes dat er mocht wandelen zonder te betalen. Uit alle delen van Parijs snelden meisjes van plezier toe om 'even een Paleisje te doen'. De stenen galerijen waren voor bevoorrechte huizen die betaalden om als prinsessen uitgedoste schepsels te mogen tonen, tussen die en die galerijboog, overeenkomstig een plek in de tuin; terwijl de houten galerijen voor de prostituées van de openbare weg waren. Het 'Paleis' bij uitstek, tempel van de prostitutie.

Na de grote branden tijdens de Commune-opstand van 1871 verdwenen de houten galerijen definitief. Uit die tijd is eigenlijk alleen nog het driesterrenrestaurant Le grand véfour over. Verder zijn het louter chique boetieks onder de galerijen, die nu welhaast hol klinken van deftigheid.

[Route]

No. 106: Ga verder in de Galerie de Chartres. Volgende doorgang links. Enkele meters verder, pal voor de Poste d'Accueil et de Surveillance.
No. 107: Nog een passage verder. Links voor de Galerie Montpensier. Nog net in de doorgang.
No. 108: Door naar buiten, rue de Montpensier. Bij geel-blauwe deurtje van nummer 9.

Op straatnummer 15 is de passage de Richelieu vanwaar Restif de la Bretonne in *Les nuits de Paris* een '*jeune et jolie personne*' de tuin van het Palais Royal ziet inglippen. Hij volgt haar, spreekt haar aan, ze antwoordt, hij gaat drie keer met haar de tuin rond en bij de vierde keer, als ze aandachtig naar hem lijkt te luisteren – want hoop doet leven, nietwaar? – haalt ze schielijk een sleutel van een van de huizen te voorschijn en schiet naar binnen. De hoop is de bodem ingeslagen. Hij situeert het huis door af te tellen vanaf café Foy. Volgens de Zwitserse garde aan de poort was ze hertogin zo en zo (letterlijk in de tekst, als versierder was je discreet tenslotte). Restif troost zich met de gedachte, zo schrijft hij duidelijk teleurgesteld, 'verzekerd te zijn van de fatsoenlijkheid van haar met wie ik zojuist een gesprek heb gevoerd.'
Als de passage open is zou ik Restif op de terugweg volgen. Dibbets wilde ook hierbinnen een medaillon laten plaatsen, maar dat leverde problemen op met de vereniging van eigenaars. Mocht de deur op slot zijn, dan is er iets verder een passage die uitkomt bij het restaurant Les boucholeurs.

No. 109: Ligt op de stoep voor huisnummer 24 van rue de Richelieu, een bijgebouw van het ministerie van Financiën.

In de achttiende en vooral ook het eerste deel van de negentiende eeuw was rue de Richelieu een van de meest gewilde straten van de hoofdstad, met chique winkels, hotels, res-

taurants, theaters. De Nederlandse mevrouw Henrika Rees van Tets, die in 1819 maandenlang door Frankrijk trok en daarvan een heel lezenswaardig reisverslag maakte, logeerde met haar man in het in deze straat gevestigde Hotel de l'Europe, 'waar men ons een goed appartement gaf'. Tijdens haar verblijf ontmoette het echtpaar Rees van Tets de moeder van Ary Scheffer (zie verderop Ary Scheffer) die hen bij haar zoon introduceerde. 'Hij heeft een mooi talent voor de schilderkunst. Hij nam ons mee naar zijn atelier waar hij een fraai doek toonde waarvoor hij de medaille (van de academie voor schone kunsten) heeft gekregen. *De dood van Saint Louis*. De jonge Scheffer is op het ogenblik met een heel grote compositie bezig, het vertrek uit Saint Eustache van de heilige Petrus.'
Het is de moeite waard even halt te houden op nummer 41 bij de winkel Gloires du Passé, met curieuze glories uit het verleden in de etalage. Op de hoek van rue Molière het standbeeld van Frankrijks grootste toneelschrijver. Iets verder, op nummer 58, een intellectueel monument bij uitstek: de Bibliothèque Nationale met zijn gewijde leeszaal. Het grootste deel van de boekencollectie is in 1997 naar de moderne Bibliothèque François Mitterrand aan quai Saint-Bernard langs de Seine verhuisd. Het verhaal over alle polemieken, ruzies en petities omdat de torens voor de boekopslag van glas zijn en daarom slecht voor de conservatie, om nog maar te zwijgen van alle stakingen vanwege de haperende software die boeken in recordtempo naar de uitleenbalie had moeten brengen, zal ik u besparen. Maar weet dat er vele krantenpagina's aan zijn besteed.
rue des Petits-Champs inslaan in westelijke richting, dus linksaf komend vanaf plaatje nummer 109. Dan rue Saint-Anne oversteken. Enkele tientallen meters verder aan de rechterhand passage Choiseul waar we enige klinkende namen kunnen noteren. Op nummer 27-31 was tot 1910 de uitgeverij gevestigd van Alphonse Lemerre bij wie de dichter

Paul Verlaine debuteerde. Verderop is de ingang van het theater Les Bouffes Parisiens dat jarenlang met veel succes door de operettecomponist Jacques Offenbach werd gerund. Zijn voorstellingen waren een absolute must. Vorsten uit heel Europa kwamen kijken. Zelfs Bismarck ging er naartoe toen hij in 1867 ter gelegenheid van de wereldtentoonstelling voor een grote parade in Parijs was uitgenodigd door Napoleon III. Drie jaar dus voor de Frans-Pruisische oorlog en de val van Napoleon. Gezegd moet worden dat het stuk *De groothertogin van Gerolstein* een satire was op het reilen en zeilen in de vele Duitse vorstendommetjes die de ijzeren kanselier zo graag wilde opruimen. Maar ook de Russische tsaar kwam kijken, omdat er beweerd werd dat de romantische excessen van wijlen tsarina Catherina op de korrel werden genomen. De tsaar was niet beledigd, want kennelijk geheel in de ban van de hoofdrolspeelster Hortense Schneider die eerder al het hoofd van de Turkse sultan op hol had gebracht. Geen wonder dat ze Offenbach met enige regelmaat met voortijdig vertrek bedreigde als hij haar gage niet verhoogde. Overigens werd deze operette, een van de negentig die Offenbach schreef (vier stuks per jaar), gespeeld in het Théâtre des Variétés dat in de passage des Panoramas uitkomt. Die is vlakbij en zeker de omweg waard. Toegang op nummer 10 van de rue Saint-Marc.
Maar eerst nog even de passage Choiseul. Aan de overkant van de Bouffes Parisiens, op nummer 64, is de winkel annex bovenhuis waar Louis-Ferdinand Céline zijn armoedige kinderjaren heeft doorgebracht zoals beschreven in *Dood op krediet*.

Céline

In een nawoord bij zijn briljante vertaling van *Mort à crédit* schrijft Frans van Woerden dat Célines verblijf in de passage Choiseul de grondslag heeft gelegd voor zijn latere cynisme, zijn diepgewortelde wantrouwen jegens de medemens en zijn sterke achtervolgingswaan. Als schrijver was Céline van mening dat de literatuur in haar humanistische benadering voorbij was gegaan aan de menselijke slechtheid, dat de mens altijd fraaier was afgeschilderd dan hij in werkelijkheid is. *Noircir et se noircir* (zowel anderen als zichzelf zwartmaken), dat is het motto van zijn schrijverschap. Het moest eindelijk maar eens gezegd worden hoe laag en gemeen het mensdom is! Dat zou voor iedereen een grote opluchting zijn! Deze drang naar oprechtheid doet na vijftig inleidende bladzijden van *Dood op krediet* de arts Céline dan ook besluiten de 'waarheid' op te schrijven.
Céline (Louis Ferdinand Destouches, 1894-1961) is een even mythische als omstreden schrijver. Voor menigeen was zijn debuutroman *Reis naar het einde van de nacht* (1932) een onovertroffen literaire schok, voor anderen heeft hij zich voor altijd gediskwalificeerd als auteur van ondraaglijk hatelijke antisemitische pamfletten als *Bagatelle pour un massacre* en *l'Ecole des cadavres* waarvan heruitgave trouwens verboden is met het perverse gevolg dat oorspronkelijke uitgaven een klein fortuin waard zijn. Tot het einde toe had Céline een artsenpraktijk, maar veel geld heeft hij er nooit mee verdiend. Hij was een armendokter die voorzover bekend niet vaak liet betalen. Hij had weinig fiducie in de mensheid, maar hij was begaan met degenen die het niet maakten.
Hij gaf ooit twee tv-interviews, in 1957 en 1961, het jaar van zijn dood door een hersenbloeding. In beide gevallen was de locatie zijn verveloze herenhuis in de Parijse voorstad Meudon.

Hij woonde aan de Route des Gardes nummer 25bis, het huis is door een particulier gekocht en kan niet worden bezocht. Céline is begraven op de Cimetière des Longs-Réages in Meudon.
In het eerste interview is hij duidelijk gespannen en praat hij opvallend netjes, in het tweede gesprek veroorlooft hij zich wat grappen en bargoens taalgebruik. Hij ziet eruit als een wereldvreemde kluizenaar, een zonderling met wild, vreemd afgeknipt haar, in een corduroy pak dat om zijn lijf zwabbert (1957) of met een wollen vest boven een pantalon die vooral zijn magerte laat zien (1961).
Het bureau in zijn behandelkamer ligt vier jaar na de eerste opname nog steeds vol papieren. Daar schrijft hij, terwijl zijn vrouw op de eerste etage danslessen geeft. Drinken deed hij niet, roken ook niet en slapen heel weinig. De verschillende delen van zijn manuscripten worden met wasknijpers bijeen gehouden. Het is een koddig gezicht; de wereldberoemde schrijver als de eenvoudige ambachtsman die hij wilde zijn. 'Ik onderscheid me van de anderen door te werken,' zegt hij op een gegeven moment. Voor een roman 'kraste' hij vijfentwintighonderd pagina's vol met de hand.
In het tweede interview is veelvuldig het gefluit van zijn papegaai en het grommende geblaf van zijn honden te horen. Zonder onderscheid te maken spreekt hij ze allemaal aan met *'petit père'* wat zoiets is als 'manneke'. In het laatste gesprek zegt hij: '*J'ai cessé d'être écrivain pour devenir chroniqueur.'* (Ik ben opgehouden auteur te zijn om kroniekschrijver te worden). De smalende, minachtende manier waarop hij het woord 'auteur' uitspreekt, is veelbetekenend. 'Vanaf dat moment heb ik m'n nek uitgestoken, want vergeet één ding niet: de ware inspiratie is de dood. Als je je nek niet uitsteekt, heb je niks. Je moet betalen. Wat je gratis doet, riekt naar gratis, stinkt naar gratis. Zo is het met de schrijvers van tegenwoordig, ze ruiken naar gratis.' In een van de interviews zegt hij naar de dood te verlangen. Hij maakt er grap-

pen over en dat het natuurlijk mooi zou zijn als het nu meteen voor de camera gebeurde. Het sterven zou niet lang moeten duren, want met pijn had hij niets. '*Au revoir et merci*' zouden zijn laatste woorden zijn. Nog in hetzelfde jaar werd hij op zijn wenken bediend.

In de interviews herinnert de schrijver zich zijn kinderjaren in de passage met een mengeling van afkeer en nostalgie. Hij woonde er vanaf z'n tweede (1896) tot z'n dertiende jaar (1907) toen de familie verhuisde naar rue Marsollier 11 (tweede arrondissement), dat wil zeggen een straat verder westwaarts tot hij na enige schoolgang in het buitenland (het ging kennelijk beter in de familie) in 1912 vrijwillig dienst nam. Zijn vader was correspondent bij een verzekeringsmaatschappij, zijn moeder had een kantwinkeltje. 'O ja, ik herinner me één ding. Bij ons thuis aten we alleen noedels. We maakten een wastobbe met noedels, omdat noedels het enige voedsel is dat geen geur verspreidt. Want kant, vooral oud kant, houdt geuren vast. Dat betekende dat ik in de angst voor etensgeuren leefde. Dus was er nooit vlees, noch vis of iets anders. Maar noedels.

Mijn moeder, de arme vrouw, was mank. Om zo weinig mogelijk die wenteltrap naar boven op te hoeven, maakte ze een hele wastobbe noedels vol. Dus elke avond vraten we noedels met een beetje boter, heel weinig boter, hoor. Ik ben grootgebracht met noedels en bananen.'

In *Dood op krediet* heet de overdekte galerij Passage des Bérésinas, bladzijde 57:

We zijn vertrokken uit rue de Babylone om wéér een winkel te beginnen, om nog eens ons geluk te beproeven. Ditmaal in de Passage des Bérésinas, tussen de Beurs en de boulevards. 't Was een winkel met woonruimte erboven, drie kamertjes boven elkaar, door een wenteltrap verbonden. Mijn moeder hinkte die trappen maar op en af. Ta! Pa! Tam! Ta! Pa! Tam! Ze hield zich vast aan de leuning. Mijn vader werd gek van dat geluid. Hij was toch al in een rothumeur omdat de tijd maar niet opschoot. Hij zat voortdu-

rend op z'n horloge te turen. En dan mijn moeder nog met d'r poot. Om 't minste of geringste sprong ie uit z'n vel van woede. De kamer op onze hoogste verdieping keek uit op het glazen dak van de galerij, op de buitenlucht zogezegd; voor het raám waren tralies, tegen de dieven en de katten.

In het interview over zijn kinderjaren:

Veel kans om lief en aardig te zijn heb ik niet gekregen. Ik werd met oorvijgen opgevoed, want dat hoorde zo in die tijd. Een draai om je oren en houd je mond, je bent een straatjongen en wat dies meer zij. Of ik van mijn moeder hield, vroeg ik me helemaal niet af. Zij hadden maar één angst en dat was zorgen dat er eten op tafel kwam. Ik herinner me dat er altijd maar één etalage verlicht werd, want in de andere was er niks, die was leeg. Dat heeft allemaal niets met complexen te maken. Het ging erom te eten, voor vreten te zorgen.
Het is vreemd, ik moet bekennen dat wonen daar sporen achterlaat, niet zoals een gevangenis maar toch; ik bedoel als kinderen hadden we geen plek om te spelen. Er waren driehonderdzestig gaslampen die dag en nacht aan waren en er waren hondjes die er hun behoefte deden. Je had de liedjes. Ik kan zeggen dat ik het einde van het lied heb meegemaakt. Aanvankelijk, als er voor de oorlog van 1914 een leerjongen of een naaistertje de passage binnenkwam, zongen die tot ze aan de andere kant weer naar buiten gingen. Na 1914 werd er niet meer gezongen in de passage. Een teken des tijds. Ik weet niet wat we voor afleiding we hadden. Alleen de liedjes van de leerjongens en naaistertjes. Dat was alles. Sindsdien ben ik wezen kijken in de passage, ik ben er vaak teruggekeerd, maar herkennen doe ik de mensen niet meer. Ze zijn anders. Ontroerend is het niet. De mensen die ik heb gekend, zijn weg. Het is een soort dat verdwenen is, want ze wonen niet meer in Passage Choiseul. Bouw en woning verbiedt het eerstens, de passage wordt nu door elektriciteit verlicht, de tijd van het gas is voorbij.
Maar enfin, je kunt zeggen dat ik ben opgegroeid in een gasklok. Zo heeft iedereen wat, maar dat laat toch wel sporen na, opgroeien in een gasklok. Er zijn veel laboratoriumdieren die in een broeikas zitten. Ze voelen de nawerking. Dat is niet zo eenvoudig. In de Passage Choiseul zagen we nette klanten die ver boven ons stonden. Dat heeft indruk op me gemaakt, die nette klanten. Ik

keek bewonderend naar ze op. Mijn moeder waarschuwde me trouwens. Ze wees me erop dat een cliënte heilig was en zij verantwoordelijkheden had waarvan ik geen idee had en dat het aan haar te danken was dat we overleefden en dat ik me zelfs niet kon indenken hoeveel zelfopoffering en deugd zo iemand opbracht. Ze droeg de rijken op handen, ze vond dat ze ver boven ons stonden en dus diende je ze te bedanken voor het feit dat ze ons een nederig bestaan gaven. De natuur heb ik ontdekt op de begraafplaats waar we heen gingen toen mijn grootmoeder gestorven was.

[Route]

Loop de passage door.
No. 110: Bij de uitgang naar de rue Saint-Augustin rechtsaf, voor huisnummer 15, Maison des Pyrénées.

Linksaf, rue Gramont. Rechts de zetel van de bond van Restaurateurs, Limonadiers et Hôteliers, SNRLH, klinkt anders maar rijmt wel met Horeca.

No. 111: Rechts voor de ingang van voorheen de achterkant van het hoofdkantoor van de Crédit Lyonnais (huisnummer 16 van rue du Quatre-Septembre). Na de grote brand van 5 mei 1996 is het gebouw opgedeeld en heet nu Le Centorial. Omdat de herbouw nog steeds niet is voltooid, geen plaatje.

Rue du 4 Septembre in westelijke richting, rechtsaf rue (niet Passage) de Choiseul in. Meteen rechts op de muur van het voormalige bankgebouw zijn de gevolgen te zien van een van de eerste luchtaanvallen in de geschiedenis. Op 30 januari 1918 tijdens de Eerste Wereldoorlog. Ruim negen maanden voor de wapenstilstand van 11 november, die een einde maakte aan een van de grootste slachtpartijen aller tijden die zich voor het grootste deel op Frans grondgebied afspeelde.

No. 112 tot en met 115 zijn niet geplaatst.
No. 116: Lag vlak voor de hoofdingang van Crédit Lyonnais op huisnummer 19 van boulevard des Italiens. Verdwenen.

Het bankgebouw werd ontworpen door de negentiende-eeuwse Nederlandse architect Bouwens van der Boijen. De koepel binnen is een van de fraaiste voorbeelden van ijzeren structuren zoals die in die periode onder invloed van ingenieur Eiffel veelvuldig werden toegepast.

No. 117: De boulevard oversteken richting Taverne Cronenbourg waar je de ene keer onbeperkt zuurkool, de andere keer onbeperkt oesters eten kunt. Als je geluk hebt zonder levende muziek voor dezelfde prijs. Het plaatje ligt voor het overdekte terras ter hoogte van het woord BUS op het wegdek.

No. 118: Linksaf hoek om, rue Taitbout in. Medaillon 118 ligt precies op de punt van de uitbouw van Taverne Cronenbourg.

Hier in de straat, op de hoek van de rue des Italiens was destijds het kwaliteitsblad *Le Monde* gevestigd. Vaak werd de krant ook *le quotidien de la rue des Italiens* genoemd. Iedereen wist dan welk blad werd bedoeld. Ik kwam er nog wel eens toen ik correspondent voor de krant was in Nederland. Later had ik mijn kantoor even verderop in de rue de Provence. Het gebouw was volledig uitgewoond. Boven de redactie, beneden de drukkerij. Een kruip-door-sluip-door van redactieburelen. Chaos en stof. Documentatie die in de smalle gangen werd bewaard. De redactievergadering in de vroege ochtend (*Le Monde* is een avondkrant) was staand, want mocht niet te lang duren. Aan de overkant was een gezellige bistro waar ik vaak met *Monde*-collega's heb geluncht. Er waren heel van die tentjes in de buurt. De meeste hebben het vertrek van *Le Monde* niet overleefd.
Nu is de straat leeg en saai. Toen was er sprake van opgewonden drukte. Aan- en afrijdende koeriers. En dan het moment dat de krant uitkwam. Waar nu keurige deuren zitten, zaten gaten in een morsige muur die vanaf half twee 's middags pakken kranten uitspuwden. Ze werden aangepakt door potige krantenbezorgers die elkaar schreeuwend en vloekend bij de les hielden. Het rook er naar inkt en papier. Naar krantenromantiek.

No. 119: Ligt pal voor huisnummer 9 van de boulevard Haussmann.

No. 120: Aan de overkant voor nummer 16 van dezelfde boulevard Haussmann, naast bord met plattegrond.

Baron Haussmann, de onderkeizer van Parijs

De boulevard Haussmann is verreweg de belangrijkste en bekendste van de *grand boulevards* in de Franse hoofdstad. Een creatie van de man die Parijs in de jaren vijftig en zestig van de negentiende eeuw het gezicht gaf dat de Lichtstad nog altijd heeft. De boulevard, van metrostation Richelieu-Drouot tot Charles-de-Gaulle/Etoile (Arc de Triomphe), draagt met recht de naam van prefect George-Eugène Haussmann. In 1970 dateerde zestig procent van de Parijse huizen en straten nog uit de tijd van zijn omvangrijke stadsvernieuwingsproject.

Hij was een machtig topambtenaar, de beschermeling van keizer Napoleon III. Spottend werd hij dan ook de onderkeizer genoemd, die de opdracht zou hebben om Parijs om te bouwen tot een hanteerbaar ensemble van orde en rust. De brede doorbraken in de vaak zo rebelse hoofdstad (er waren sinds 1789 nog twee bloedige opstanden geweest en dan rekenen we de slachtpartij van de Commune van 1871 niet mee) zouden geen ander doel hebben gehad dan het aanleggen van revolutiebestendige schietbanen. Kijk maar naar het stratenplan, zegt men dan, lange rechte lanen om met groot geschut de eventuele revolutionairen te bedwingen.

De Duitse, zeer francofiele schrijver Walter Benjamin (1892-1940) zag Haussmann ver in onze eeuw nog steeds als de planoloog van de anti-stadsguerrilla. Sanering, kaalslag, verbetering, vernieuwing, het had volgens hem allemaal een repressief doel. Benjamin schrijft in *Das Passagenwerk* over Parijs als 'hoofdstad van de negentiende eeuw'. 'Het ware doel van Haussmanns werken was zich verzekeren tegen een eventuele burgeroorlog. Hij wilde voor altijd het opwerpen van barricaden in de Parijse straten onmogelijk maken. Zijn tijdgenoten noemden dat 'strategische verfraaiing'.

Benjamin liet zich wat al te veel door Napoleons opposanten leiden. In de periode van 1852 tot 1869, bouwde Haussmann de verpauperde en ziekmakende middeleeuwse stad met z'n donkere kronkelige straatjes en stinkende open riolen om tot een moderne metropool met brede boulevards, weidse pleinen, riolering en stromend water. Er ontstond een nieuwe en vooral leefbare stad die ondanks alle kritiek kennelijk voldeed. Een zo ingrijpende stadsvernieuwing was te veel van het goede geweest als het alleen maar om meer militaire manoevreerruimte was gegaan.

Een andere kwestie is dat de ongeëvenaarde bouwwoede onder het keizerlijke bewind vooral ten koste ging van de arme man. De bouwexplosie leidde tot een zo waanzinnige speculatie en vond in een zo omstreden politiek klimaat plaats dat het niet onlogisch was dat er wat twijfels ontstonden over de goede bedoelingen van de prefect en zijn opperheer. Haussmann hield naar veler vermoeden het cynische mechanisme gaande van de Franse *raison d'état* en dus waren de *grands travaux* van toen niets anders dan vijgenbladen voor een heel wat minder eerbaar strategisch antiplebsconcept.

Omdat 'ingrijpend' een eufemisme is voor de omvang en snelheid waarmee zijn saneringsproject werd uitgevoerd, mocht hij zich, afgezien van de politieke tegenstand, verheugen in de giftige aandacht van schrijvers, columnisten en cartoonisten. De Parijse stadsvernieuwing werd het symbool van het napoleontische despotisme. Haussmann die zichzelf zonder ironie presenteerde als *artiste démolisseur,* slopersartiest, werd van de zwartste plannen beticht. Hij had zich veel vijanden gemaakt met zijn autoritaire optreden en zijn financiële manipulaties.

Zijn beroemde boulevards, die de verschillende wijken tot ons hedendaagse gemak van plein tot plein met elkaar verbinden, werden als kaarsrechte lijnen door het oude kronkelige Parijs van Balzac en Hugo gelegd 'omdat kogels niet weten hoe je de eerste straat rechts moet nemen', zoals het liberale oppositielid Ernest Picard het uitdrukte. Emile Zola maakte in *La Curée* al geen grapjes meer: 'Een inkeping hier, een inkeping verderop, inkepingen overal, Parijs met de sabel ingekerfd, doorsneden met bewonderenswaardige strategische verkeerswegen waarmee militaire vestingen in het hart van de oude wijken worden geplaatst.'

Daarmee is in een paar woorden het onrecht of in elk geval de onjuistheid samengevat van een postume lotsbestemming die ruimschoots gebaseerd is op de weinig onbevooroordeelde aantijgingen van zijn vijanden van weleer. 'Haussmann is gebleven wat de meeste van z'n tijdgenoten van hem dachten,' schrijft de Amerikaanse historicus David Jordan in *Transforming Paris, The Life and Labors of Baron Haussmann.* Hij haalt de memoires erbij die Haussmann publiceerde in 1890, een jaar voor zijn dood, kennelijk met de bedoeling te voorkomen wat later met zo veel gemak over hem wordt beweerd. Ze zijn geschreven als een officieel verslag met cijfers en tabellen en de titels van de hoofdstukken – 'Straten, Wandelpaden en Plantsoenen', 'Water en Riolering', 'Godsdienstige, Gemeentelijke en Onderwijsgebouwen', geven aan dat de auteur niet als in burger gekleed militair maar als geslaagde stadsvernieuwer de geschiedenis in wilde. Het is het succes van de technocraat dat hij verdedigt en hij krijgt van Jordan alle krediet. 'Hij zag in de hoofdstad niets van de energie, het mysterie of de charme die zijn tijdgenoten zo bekoorden. Hij hield het meest van Parijs als het was geschoond en de straten gerecht,' aldus Jordan.

Ook Bernard Marchand, auteur van het eerder verschenen *Paris, histoire d'une ville,* Parijs, geschiedenis van een stad, neemt het op voor de 'onbeminde bureaucraat' hoewel hij nog wel even een citaat uit 1857 toevoegt waaruit het tegenovergestelde zou kunnen blijken. Haussmann die de financiële steun van de overwegend uit provincialen samengestelde Kamer nodig had, gebruikte een argument dat voor de argwanende plattelanders doorslaggevende overtuigingskracht had: 'Het gaat erom straten aan te leggen die brede, snelle en veelvoudige verbindingen mogelijk maken tussen de voornaamste punten van de hoofdstad en de militaire nederzettingen die ze moeten beschermen.'

Er waren, zo men wil, nog meer redenen om de *Préfet de la Seine* (Parijs besloeg toen het departement Seine) te verdenken. De opeenvolgende revoluties – 1789, 1830, 1848 en daar tussendoor nog wat minder grote opstanden – lagen vers in het geheugen van de bezittende klasse. De massale toestroom van paupers uit de provincie, door Haussmann minachtend 'nomaden' genoemd, had de Franse hoofdstad uit z'n krachten doen groeien. De bevolking steeg van nauwelijks een half miljoen in 1815 naar een miljoen in 1848 en bijna twee miljoen in 1870. Alleen al het nauwe Ile de la Cité had vijftienduizend inwoners. *Les Misérables* van Victor Hugo en al die andere kaaljakkers van Eugène Sue of Balzac krepeerden daar onder de torens van de Notre-Dame. Bij het begin van de Franse Revolutie woonde twee procent van de totale bevolking in Parijs, tachtig jaar later was dat zeven procent. Van de prefect werd verwacht dat hij al die *Quasimodo's* en andere *Gavroches* van het vege lijf van de burgerman zou weten te houden.

Twee decennia eerder had Haussmanns voorganger Rambuteau, de naamgever van de eerste grote doorbraak, gewaarschuwd voor de verstoring van het sociale evenwicht die door grote werken zou kunnen ontstaan. De burgerij was – met reden, zoals tijdens de Commune van 1871 zou blijken – als de dood voor al dat hongerende volk. Er werden voorstellen gedaan om de binnenstad voor handel- en luxeactiviteiten te reserveren. Jordan merkt terecht op dat de alom bekende Parijse *périphérique* in die zin haast meer effect heeft dan de verdedigingswallen van 1840. De strategie was dus niet zozeer militair, maar vooral maatschappelijk, de armen moesten uit het centrum worden verdreven naar de buitenwijken; voorsteden zou men nu zeggen. Jacques Chirac, jarenlang burgemeester van Parijs, heeft in wezen niet anders gehandeld.

Renovatie van Parijs werd al geruime tijd noodzakelijk geacht. Tijdens de Franse Revolutie kreeg een commissie van kunstenaars opdracht om plannen te ontwikkelen. In dat kader begon Napoleon I met de aanleg van de rue de Rivoli – het deel met de arcaden – die door tijdgebrek niet verder dan het Louvre kwam. Onder Rambuteau werd het werk in bescheiden vorm weer opgepakt.

Toen Napoleon III na de opstand van 1848 aan de macht kwam, was de urgentie alleen nog maar groter. Het nieuwe staatshoofd zag ook wel dat alleen de cavalerie, waarop hij overigens zonder zielenroerselen een beroep deed, niet voldoende zou zijn om de sociale vrede te bewaren. De stad was explosief gegroeid en liep wat hygiëne betreft een halve eeuw achter bij Londen, waar het neefje van Napoleon I enige tijd als banneling had gezien dat je met riolering en Hydepark (zijn inspiratiebron voor de grote Parijse parken, zie 'Parc Montsouris, pagina 35') al heel wat kunt doen.

In 1832 en 1849 was de Franse hoofdstad getroffen door zware cholera-epidemieën. Dertigduizend doden alleen al in 1832. De ziekte sloeg toe zonder aanziens des persoons. Ook ministers kwamen om. De open riolen met inbegrip van die van de leerlooiers met hun gemene chemicaliën kwamen uit op de Seine die de stad tegelijkertijd van drinkwater voorzag. De huizen waren zo dicht op elkaar gebouwd dat binnen zelfs in juni het licht om vijf uur 's middags aan moest.

De nieuwe keizer had 'een wat vage droom van een grandioos en menselijk Parijs waar de verschillende sociale klassen in harmonie samen leefden, de armen werk vonden en de arbeiders gelukkig waren,' telt Bernard Marchand in *Paris, Histoire d'une ville*. Maar die dromer wilde vooral een hoofdstad die zijn imperium waardig zou zijn, voegt Jordan eraan toe, een *capitale impériale*. Haussmann, die zich als prefect in diverse provincies had laten kennen als een wilskrachtige en meedogenloze manipulator ten bate van de nieuwe machthebber, benoemde hij tot z'n hoofduitvoerder. Door de onvoorwaardelijke keizerlijke steun ging de prefect in tomeloze vaart van start. Hij ontpopte zich als de 'Archimedes van stedelijke financiering', zoals Jordan het zo aardig uitdrukt. Er lag een *octroi,* accijns, op alle goederen die Parijs binnenkwamen met inbegrip van bouwmaterialen en eerste behoeften. Omdat er een enorme vraag naar bouwmaterialen ontstond en de toenemende goederenstroom nog weer versterkt werd door de toevloed van weliswaar arme maar niettemin etende bouwvakkers, werden er steeds meer goederen en levensmiddelen aangevoerd en door de opgeleg-de belastingen betaalden Haussmanns werken zich op die manier deels zelf.

De aannemers dienden de hun gegunde aanbestedingen voor te financieren, de overheid betaalde pas achteraf. Haussmann onteigende op grote schaal, de percelen grond die later overbleven kon hij met grote winst verkopen door de gestegen grondprijzen. Die slimme methode zou hem trouwens op de eeuwige haat van de grote en kleine Parijse huisjesmelkers komen te staan. Ze voelden zich bestolen en zouden later op dat punt het pleit tegen hem winnen. Opvallend detail: volgens Jordan heeft de prefect zelf nooit één centime in eigen zak gestoken. Hij was onomkoopbaar en in die zin een onberispelijke overheidsdienaar.

Hij leefde overigens als een vorst in het Parijse *Hôtel de Ville* waar hij met luister buitenlandse staatshoofden ontving. Alleen al lezing van het menu voor het diner met Leopold I van België brengt de smaakpapillen in verhoogde staat van paraatheid. In het boek van Jordan beslaat het ruim een bladzijde aan voetnoten. Een maaltijd met de Oostenrijkse keizer Franz Joseph op 28 oktober 1867 kwam op honderdvijftigduizend toenmalige franken. Daar kwam nog bij dat Haussmann door zijn huwelijk met een meisje uit de buurt van Bordeaux en een prefectschap aldaar bekendstond als de bezitter van de *meilleure cave de Paris*, de beste wijnkelder van Parijs. Behalve zijn verhouding met twee dansende minnaressen is er over zijn privé-leven en vooral zijn privégedachten weinig bekend.

Hij bouwde voor de beter gesitueerde burger, daarmee werd de cavalerie overbodig. De gewone man kon zich een woning in het centrum met geen mogelijkheid veroorloven, hij moest naar elders en kwam – in de oostelijk gelegen buitenwijken Belleville, Menilmontant of Saint Antoine terecht. Daar zijn enkele voorbeelden te vinden van strategisch bedoelde boulevards. Dat was trouwens nog een hele operatie. Er loopt vanaf de Bastille een kanaal, Canal Saint-Martin, dat als natuurlijke barricade kon fungeren. Haussmann liet het uitgraven tot zes meter diepte, legde er de nog altijd bestaande boulevard Richard Lenoir over heen en liet er een kazerne bouwen. Vanaf place de la République liet hij een doorbraak maken onder de naam boulevard Prince Eugène (nu boulevard Voltaire) naar place de la Nation, dwars door het 'gebruikelijke centrum van oproer', zoals hij het noemde, heen. De boulevard Diderot langs het gare de Lyon had dezelfde functie. De gevaarlijke volksbuurten waren aldus van het imperiale Parijs geïsoleerd. Ze fungeerden als een *cordon sanitaire*. Nooit toonde 'mijn verheven vorst' zich zo enthousiast, aldus Haussmann. 'Mocht het nodig zijn dan kon hij de *faubourg* Saint-Antoine zelfs van de achterkant aanpakken.'

Elders, aan de westkant van het ingegraven kanaal, was geen strategische verfraaiing nodig, want er was geen bedreigend gepeupel. Het echte saneren kon worden aangepakt. Haussmann begon met de *grande croisée* (oost-west rue de Rivoli-rue Saint-Antoine, noord-zuiddoorbraak boulevard Sébastopol-boulevard Saint-Michel). Hij stak de Seine over en hakte zich door het Quartier Latin. De boulevard Saint-Germain kwam er mede door de afbraak van talloze fraaie paleisjes. Een van de criteria voor de aanleg van de boulevards was het 'vergezicht'. Je moest van plein tot plein kunnen kijken. Dat is niet altijd gelukt of soms met kunst- en vliegwerk. Jordan wordt haast lyrisch over de doorbraak van boulevard Henri IV die vanaf de Bastille richting Ile Saint-Louis loopt: in het verlengde torent de koepel van het Panthéon boven de stad uit en de suggestie wordt gewekt dat daar het volgende plein is. Maar nee, Haussmann gebruikte het Panthéon als een *trompe-l'oeil*. Alleen daarom al dienen we van hem te houden, meent Jordan.

Ile de la Cité werd zo ongeveer kaalgeslagen; de bevolking werd van vijftienduizend naar vijfduizend teruggebracht. Het centrum van de nieuwe stad werd naar het westen verlegd door de voltooiing van de Arc de Triomphe die in het midden kwam te staan van de ster met twaalf uitwaaierende boulevards en avenues. Parijs zoals het nog altijd is, Parijs van de 'haussmannisering', Parijs met z'n *immeubles haussmanniens*, 'haussmanniaanse' flatgebouwen. Niet slecht voor een onbeminde bureaucraat.

Er kwam een moderne riolering die door de tsaar van Rusland werd bezocht, en de opera werd uit de grond gestampt. Een 'homerische strijd' in de woorden van de prefect was er voor nodig om instemming te krijgen voor zijn waterleiding die over een afstand van meer dan honderd kilometer moest worden aangelegd. De kamerleden wilden maar niet geloven dat het Seine-water gevaarlijk was, ook al had Pasteur het bewijs geleverd. Een hardnekkige 'legende' die onder de 'fanatici van het Seine-water' de ronde deed, maakte dat zelfs geleerden in de zuiverheid van het verontreinigde rivierwater bleven geloven.

Alleen door een even geserreerde als onrealistische begroting kreeg hij de Kamer mee, wat hem niet in dank werd afgenomen toen de onvermijdelijke overschrijdingen zich aandienden. Daarmee ging hij op weg naar het einde. Zijn zo ingenieuze financieringssysteem klopte niet meer sinds onteigende grond moest worden teruggegeven als die of delen daarvan na de uitvoering van het definitieve project overbleven. Het systeem beroofde hem van een belangrijke bron van inkomsten. Hij ging bonnen uitgeven, een manoeuvre die op de grens lag van windhandel. Hij moest lenen. Het zou tot 1929 duren voor de overheid het Parijs van Haussmann had afbetaald.

Toen Napoleon III in 1869 voor liberalisering van zijn regime opteerde, was de oppositie tot samenwerking bereid als de kop van Haussmann rolde. Hij was sinds kort ook senator hoewel hij *Ministre de Paris* had willen zijn. Hij noemde zich nu 'baron' hoewel hij geen recht had op de titel die een oom van de eerste Napoleon gekregen had. Kort daarop brak de oorlog tussen Pruisen en Frankrijk uit. De keizer werd verslagen en het plebs uit oostelijk Parijs daalde af naar het imperiale centrum en nam er bezit van. Als er ooit al sprake was geweest van een strategisch anti-barricadenconcept, dan werd bij de Commune-opstand bewezen dat het geen knip voor de neus waard was. Overal ontstonden barricades en het kostte de troepen van Thiers (de zogenoemde *Versaillais* met het Vreemdelingenlegioen als kern) een week om een einde te maken aan de opstand van een verbannen volk. In die bloedige week vielen naar schatting vijfendertigduizend doden, vaak op barbaarse wijze afgeslacht.

Haussmann vluchtte naar Italië, verbleef vervolgens in zijn huis bij Bordeaux en wijdde geen woord aan het drama in zijn latere memoires. Hij werd voor een commissie gevraagd die zich over de sanering van Rome buigen moest. David Jordan rilt bij het idee: haussmannisering van Rome, wat zou dat voor gevolgen gehad hebben? Toen de ruim tachtigjarige prefect in 1891 stierf, leek het *Le Figaro* een goed idee hem een staatsbegrafenis te geven. Een officiële reactie bleef uit en geen minister die zich manifesteerde. Georges-Eugène Haussmann werd op Père-Lachaise ter aarde besteld. Het was de begrafenis van een onbeminde bureaucraat.

[Route]

Via de rue Taitbout naar rue de Châteaudun. Dan kruisen we rue de Provence. Daar was mijn kantoor. Het gebouw ziet er nog even shabby uit. Verderop in de rue Taitbout was een bistro waar we vaak kwamen. Niet duur en toch goed. Gerund door twee dames. Je zat er wel heel nauw en zo'n beetje iedereen moest opstaan als je een plaatsje in het midden werd toegewezen. Ik was benieuwd of de dames de nieuwe tijd hadden overleefd. En ja hoor, Le Mirabelle, 52/54 rue Taitbout is er nog altijd. Met dezelfde openingsuren. Van maandag t/m vrijdag, alleen tussen de middag van 11 tot 15 uur. Het menu kost nu € 7. Na kwart voor twee en op vrijdag krijg je de koffie na afloop er gratis bij.

No. 121: In rue de Châteaudun bij huisnummer 32, pal naast de busabri.

No. 122: Ligt op de binnenplaats van de aanpalende 'annex' van het ministerie van Onderwijs. Onzichtbaar als de poort gesloten is. Volgens briefschrijvers soms wel eens toegankelijk als de conciërge een goede bui heeft.

No. 123: Ook op de binnenplaats.

Ik stel voor een kleine omweg te maken op weg naar nummer 124 (in rue Pigalle) langs een paar kunstenaarsadressen in de oude artiestenwijk die bekendstaat als *La nouvelle Athènes*. Rue de Châteaudun in westelijke richting in lopen. Rechtsaf rue Saint-Georges in.

De gebroeders De Goncourt

Op nummer 43 van rue Saint-Georges woonden de gebroeders De Goncourt (Edmond, 1822-1896, Jules (1830-1870). Op initiatief van Edmond werd in 1896 een literaire sociëteit opgericht die de naam Académie de Goncourt draagt. Al eerder, vanaf 1885, ontving hij zijn vrienden op zondag *à déjeuner* (te lunchen) in zijn buitenhuis in Auteuil, dat hij *Le grenier des Goncourt* noemde. Sinds 1903 komen de tien leden van de Académie elk jaar in het restaurant Drouant bijeen om Frankrijks meest begeerde literaire prijs toe te kennen. Het prijzengeld bedraagt slechts enkele tientjes, maar de Prix Goncourt is goed voor een verkoop van honderdduizenden exemplaren. Van een roman als *L'Amant* van Marguerite Duras ging een miljoen exemplaren over de toonbank. Overigens beweren niet eens al te boze tongen dat de verschillende uitgevers er een onderonsje van maken, want de juryleden staan veelal op de loonlijsten van de grote uitgevers. Ieder op z'n beurt, dat schijnt een beetje het systeem te zijn.

Even teruggaan naar rue Saint-Lazare, die u in westelijke richting in loopt. Op nummer 40 van rue Saint-Lazare woonde de schrijver Alexandre Dumas, auteur van de *Drie musketiers*.
Sla dan rechtsaf, rue Taitbout in. Dan weer rechts, square d'Orléans in lopen. George Sand (1804-1876) en Frédéric Chopin (1810-1849) woonden er op nummer 80 samen. Charles Baudelaire (1821-1867) verbleef op nummer 15.
Nog weer een straat verder (via rue Saint-Lazare), rechtsaf, rue de la Rochefoucould waar zich op nummer 14 Musée Gustave Moreau bevindt.

Gustave Moreau

Gustave Moreau (1826-1898) was een symbolistische schilder, die zijn nalatenschap als behang aan de muren van zijn atelier heeft laten hangen. Hij erfde het huis van zijn ouders en liet er een verdieping op bouwen, die hij inderdaad als museum had bedoeld wanneer hij eenmaal dood zou zijn. Een paar jaar geleden zijn ook zijn privé-vertrekken gerestaureerd en voor het publiek opengesteld. Een curieus museum, met een buitenissige wenteltrap en krakend parket. Dit museum behoort, naar het schijnt, tot de categorie cult en camp. Lees eventueel *De Flaneur* van Edmund White erop na.
Rue de la Rochefoucauld in opwaartse richting nemen, komt uit in rue Pigalle, nog even linksaf, rue Chaptal in waar zich ver van het Parijse straatgewoel een exquis museumpje bevindt, Musée de la vie romantique.

Ary Scheffer

Het museum ligt in een aangename tuin en is het vroegere woonhuis van de in Dordrecht geboren Nederlander Ary Scheffer (later tot Fransman genaturaliseerd, schilder, 1795-1858). Hij woonde er vanaf 1830 en hield er salon. Door zijn moeder was hij naar Parijs gestuurd om er te studeren aan de Ecole des Beaux Arts. Hij was een politiek geëngageerd man met liberale ideeën. Hij was kennelijk een geliefd gastheer. Elke vrijdagavond ontving hij er voornamelijk geestverwanten, liberale intellectuelen, hoge ambtenaren, schrijvers, journalisten, geëmancipeerde vrouwen, beroemde tijdgenoten ook als Victor Hugo, George Sand en Chopin, Franz Liszt, de schilders Ingres en Delacroix, de dichter Lamartine en de schrijver Ernest Renan, die in plaats van priester te worden met een nichtje van Scheffer trouwde.
Renan was een schilder van Scheffers tijd, dat wil zeggen een romanticus die overigens een enorme productie had en voldoende marktwaarde bezat om forse prijzen te kunnen rekenen. Dat is aan z'n huis ook te zien. Z'n dochter vermaakte een forse verzameling schilderijen van Ary Scheffer aan het Dordts Museum.

No. 124: Terug naar rue Jean-Baptiste Pigalle. Het plaatje ligt ter hoogte van huisnummer 69.

No. 125: Ter hoogte van nummer 5 van rue Duperré (meteen links aan de onderkant van place Pigalle) voor de gitaarwinkel Major Pigalle.

In dit straatje had de schilder Picot een atelier waar hij midden vorige eeuw les gaf aan Nederlandse schilders als Johan Jongkind, Josef Israëls en een latere hofschilder van Napoleon III, Martinus Kuytenbrouwer.
Als ik het straatje uitkom bij het plein, word ik aangesproken door een al niet meer zo jonge mevrouw die me voorhoudt dat het binnen droog is en dat ze me zeer zal *chou-*

chouter (verwennen) als ik het komende uur met haar wil schuilen.
Ze staat er moederziel alleen onder haar paraplu als een droeve suppoost die de resten van een kwijnende traditie zou moeten bewaken. Het hoerendom lijkt hier allang niet meer de meest dynamische bedrijfstak en van alle stripteasetenten met slechte champagne zijn er niet meer zo heel veel over. Het is meer peepshow en seksshop. Alleen Le Moulin Rouge aan de overkant handhaaft zich als gepatenteerd monument van het ohlala Parijs.

Paris Noir, Afro-Amerikanen in de Lichtstad

Hoe anders moet het hier in jaren twintig en dertig zijn geweest. In de tijd dat het kruispunt Pigalle/rue Fontaine een stukje Harlem aan de voet van Montmartre was met een soort Cottonclub die Le Grand Duc heette. Daar vervoegde zich op een goede dag een zangeres uit Chicago, Ada Louise Smith, die niet alleen lichtkleurig was voor een negermeisje maar vooral ook rood haar had. Vandaar haar bijnaam: Bricktop.

Het schijnt dat ze in het begin jankend in Le Grand Duc op het podiumpje stond. Omdat ze in Amerika al enige bekendheid genoot was ze veel beter en vooral meer publiek gewend. Maar het tij keerde, toen ze bevriend raakte met de (blanke) filmster Fanny Ward. Die nam haar vrienden mee. Bricktop werd de talk of the town. Le Grand Duc zat elke avond vol. Er kwamen andere clubs bij. Parijs ontdekte de jazz. Bricktop gaf charlestonlessen aan Cole Porter op de feesten die hij gaf in zijn prachtige onderkomen op de linker oever. Scott Fitzgerald en andere beroemde Amerikanen kwamen er. De Fransen volgden. Halverwege de jaren twintig begon Ada voor zichzelf. Bricktop's werd een enorm succes dat ze mede dankte aan de regelmatige aanwezigheid van toen nog de Prins van Wales die na zijn mesalliance met mevrouw Simpson voortaan als hertog van Windsor door het leven ging. Weldra zou zich een andere Afrikaans-Amerikaanse melden, Josephine Baker, die nog veel meer van zich zou doen spreken en niet alleen omdat ze een hartstochtelijk liefdesavontuur had met Georges Simenon.

Het is bekend dat veel Amerikanen zich na de Eerste Wereldoorlog voor korte of langere tijd in de Franse hoofdstad vestigden. Voor hen was Frankrijk toen spotgoedkoop. We hebben het over blanke Amerikanen. Tal van schrijvers hebben het Parijs van toen bezongen. Talloze boeken zijn er ge-

schreven. Alsof de Amerikaanse literatuur vooral uit de Lichtstad kwam. Voor de zwarte jazzmusici van toen of andere Afro-Amerikanen was geen enkele aandacht, terwijl de Franse hoofdstad voor hen al spoedig een heel speciale betekenis had. Parijs bleek wat hen betreft een soort paradijs te zijn, een stad zonder racisme, zonder apartheid, een vrijplaats aan de Seine. Parijs heette kleurenblind te zijn.
En zo trokken vanaf die tijd, tot ruim in de jaren zestig, talloze zwarte Amerikanen van opeenvolgende generaties, veelal kunstenaars zoals die van de literaire beweging Harlem Renaissance, naar Frankrijk. En vooral Parijs natuurlijk. Ze hadden begrepen dat het maatschappelijke klimaat er inderdaad heel wat *minder aanleiding gaf tot hoofdpijn*, zoals de pianist Kenny Drew me ooit zei, dan in het toen nog zo racistische Amerika.
De zwarte soldaten van het Amerikaanse expeditiekorps kwamen daar snel achter. Ze werden door hun eigen legerleiding voor de minder nobele taken ingezet, zoals het lossen van schepen. Ze werden ongeschikt geacht voor gevechtsacties. Ze waren zelfs niet goed genoeg om als kanonnenvlees te dienen, zoals hun Afrikaanse broeders uit de Franse koloniën. Na de oorlog waren ze uitgesloten van deelname aan de overwinningsparades.
Het verhaal van de oprichter van Le Grand Duc, Eugene Bullard, is wat dat betreft exemplarisch. Hij was als verstekeling naar Frankrijk gereisd nadat zijn vader hem had verteld dat er daar 'geen aparte kerken voor zwarten en blanken waren en ook geen aparte scholen of kerkhoven'. Bullard meldde zich als vrijwilliger bij het Franse leger na het uitbreken van la Grande Guerre in 1914. Hij werd piloot en kreeg voor zijn prestaties en moed het Groot Oorlogskruis. Toen de Amerikanen zich in 1917 met de oorlog gingen bemoeien, werd hij bij hen ingedeeld. En kreeg meteen een vliegverbod vanwege zijn huidskleur.
De verbazing van de Afro-Amerikaanse militairen was dan

ook groot toen ze door de Fransen werden bejegend met vriendelijke woorden als *'soldat noir, très gentil, très poli'*. Zelfs de hoeren namen het voor hen op. Op Pigalle waren fameuze vechtpartijen, omdat blanke Amerikaanse mariniers het niet konden hebben dat Françaises met zwarte mannen dansten. De lichte dames en hun souteneurs kozen de kant van zwart. Dat de Fransen in hun eigen koloniën de kleurgrens strak handhaafden en dat hun houding ten opzichte van de zwarte Amerikanen gebaseerd was op de positieve waardering van een aantal op zich twijfelachtige stereotypen, ontging de meeste Afro-Amerikanen. 'Het enige dat ze wisten was dat de Fransen ze beter behandelden dan blanken ooit hadden gedaan en hun reactie was dienovereenkomstig,' schrijft Tyler Stovall in zijn fascinerende *Paris Noir, African Americans in the City of Light*.

Die positieve ervaringen verschaften Parijs een welhaast mytische reputatie in zwart Amerika. Het contrast was dan ook groot. In de VS leidden de inspanningen van de zwarte soldaten niet of nauwelijks tot lotsverbetering. Het tegendeel leek zelfs waar met de 'Red Summer' van 1919 met z'n serie bloedige rassenrellen die meestal begonnen met lynchpartijen en aanvallen van jonge blanken op zwarte woonwijken. Alleen al in Chicago vielen in twee weken tijd 38 doden, 15 blanken en 23 zwarten. Het werd de zwarte Amerikanen pijnlijk duidelijk gemaakt dat ze nog altijd hun plaats moesten weten. Ook al hadden zij evenzeer hun bijdrage geleverd aan de oorlogsinspanningen. En hadden ze gezien in Frankrijk dat het anders kon. 'Tussen dood of onderwerping aan racisme was er nog een ándere keus: ballingschap in het buitenland,' schrijft Stovall.

Een van die ballingen was dus de revue-artieste Josephine Baker, die in Frankrijk een levende legende zou worden. Toen ze in de loop der jaren de tekst van haar bekendste liedje *J'ai deux amours* op een essentieel onderdeel veranderde, van 'Mijn land én Parijs' in 'Mijn land IS Parijs', waarmee ze Amerika als haar vaderland symbolisch afzwoer (ze liet zich vervolgens ook werkelijk tot Française naturaliseren), was de naam van de Franse hoofdstad als oord van vrijheid, in combinatie ook nog met de elegantie van de jaren twintig, helemaal gevestigd. Dát in 1929 de wereldwijd bekende brasserie La Coupole met zijn ruime wit-Amerikaanse klantenkring – aangezogen door de romantische verhalen over de Lost Generation en hun horecagewoonten – een van de voormannen van Harlem Renaissance, de dichter Claude McKay, de toegang weigerde vanwege zijn huidskleur, versterkte paradoxaal genoeg die reputatie. Want na de nodige opschudding en ingrijpen van de regering moest de eigenaar van La Coupole z'n excuus aanbieden. Waar had je dat toen in Amerika?

Naast al die beroemdheden als Hemingway, Fitzgerald en het koppel Gertrud Stein/Alice B. Toklas was er dus nog een groep ándere Amerikanen in Parijs, eveneens schrijvers, schilders, dansers, musici; even kunstzinnig dus, maar grotendeels door de geschiedenis genegeerd. Veel bruggen tussen de twee aparte werelden waren er kennelijk niet, met uitzondering van Bricktops nachtclub in Montmartre. En vervolgens die van Josephine Baker die ook een club begon. In relatie tot die kloon van Harlem aan de voet van de Sacré-Coeur sprak men onder Fransen, met een mengeling van bewondering en argwaan, van *le tumulte noir*, het zwarte rumoer.

Voor de zwarte artiesten in de clubs of de schrijvers van Harlem Renaissance was Parijs een stad waar ze mens konden zijn. In de loop der tijd ontstonden er contacten met Franse Afrikanen zoals de dichter en latere Senegalese president Léopold Senghor. Of de Martiniquais Aimé Césaire. Voormannen van een pan-Afrikaanse culturele beweging, die inhoud wilde geven aan het begrip 'négritude', zwart zijn.

Parijs was een vluchtplaats waar tolerantie heerste, zeker als het liefde betrof. Toen Nancy Cunard, nazaat van de beroemde scheepsmagnaat, een relatie was begonnen met de zwarte jazzpianist Henry Crowder, was het schandaal in Amerika groot en de woede van haar familie ('Wat wil je nu, drank, drugs of een nigger?') zo mogelijk nog groter. Pas in Parijs vond het stel rust en konden de twee proberen een gewoon paar te zijn.

Het dilemma van de balling – strijden van binnenuit of van buitenaf, was in die tussenoorlogse jaren nauwelijks aan de orde. En ook in de eerste jaren na de Tweede Wereldoorlog speelde dat nauwelijks een rol. De zwarte Amerikanen waren teleurgesteld in hun eigen land. Ook onder hen waren er die hun leven hadden gegeven in de strijd tegen het nazisme, maar van erkenning was geen sprake. Protest tegen discriminatie werd in Amerika gezien als communistische propaganda.

In Parijs daarentegen werden ze ongeacht hun kleur beschouwd als bevrijders. En ook in deze naoorlogse jaren was de stad spot goedkoop voor Amerikanen. Voormalige GI's hadden recht op een beurs, waarvan ze in de Franse hoofdstad redelijk konden rondkomen. Heel wat afgezwaaide zwarte soldaten profiteerden daarvan. En talent werd beloond. Voor de detectiveschrijver Chester Himes begon in Parijs de victorie. Voor hem en veel anderen was alles beter dan in Amerika te blijven, zoals James Baldwin later schreef: 'I wasn't really choosing France, I was getting out of America.'

Toch werd het in 1947 als verbazingwekkend beschouwd dat een gevierd schrijver als Richard Wright, beroemd en financieel niet onbemiddeld dankzij zijn in 1940 uitgegeven *Native Son* en nog weer bejubeld in 1946 vanwege zijn autobiografische *Black Boy*, besloot om naar Parijs uit te wijken. Volgens Stovall had hij toen onder zwarte landgenoten even veel prestige als Josephine Baker tijdens het interbellum. Ook hij was succesvol, beroemd en dus een symbool, een held en daarmee ook een fantastische Parijse ambassadeur.

Het ballingendilemma werd pas actueel, toen de strijd voor burgerrechten echt op gang kwam in Amerika. Maar Wright lag al eerder onder vuur. In de eerste plaats omdat hij communist was (in Amerika een doodzonde, in Frankrijk bijna een intellectuele must), maar ook omdat zijn verblijf in Parijs, hoe goed misschien voor zijn zelfrespect en het geluk van zijn gezin, hem isoleerde van het 'ruwe materiaal' in de vs. Als 'erkende koning van de zwarte gemeenschap', hielp hij James Baldwin in de Franse hoofdstad op weg. Hij wees de weg naar *Le Tournon* waar zo veel andere kunstenaars van verschillende kleur of nationaliteit samenkwamen. Maar nauwelijks een half jaar na diens aankomst pleegde de rebelse nieuwkomer een soort vadermoord. In een pittig polemisch artikel in het blad *Zero* maakte hij *Native Son* met de grond gelijk. Het zou een boek zijn vol bevestiging van de stereotypen die Wright zei te bestrijden. De hoofdpersoon bestaat bij de gratie van blanke haat en vrees, zonder zelf mens te zijn, aldus Baldwin.

Het werd een *cause célèbre* die in het Parijse wereldje van zwarte Amerikanen tot hevige commotie leidde. Richard Wright betichtte Baldwin van verraad tijdens een felle woordenwisseling in de bekende brasserie Lipp aan de boulevard Saint-Germain. Het kwam nooit meer goed tussen de twee.

James Baldwin, die zelf nooit erg in het bestaan van een 'zwarte gemeenschap' in Parijs heeft geloofd, ging in tegenstelling tot Wright weer terug naar de vs om zich tijdens demonstraties in het zuiden aan de kant te scharen van Martin Luther King. Baldwin had Amerika nodig, for better and for worse. Hij wilde niet, zoals de andere zwarte Amerikanen in Parijs, zijn 'tijd doorbrengen met het zitten in bars en cafés en praten over hoe verschrikkelijk het wel niet in Amerika is'.

Het was, minder politiek getint, ongeveer dezelfde argumentatie die de trompettist Miles Davis gebruikte ten aanzien van de jazzmusici die nog in de jaren zestig kozen voor ballingschap in de Franse hoofdstad. 'Ze verloren iets; energie, scherpte,' zei hij. Parijs had toen een nog vrijwel ongeschonden imago als vrijplaats voor zwarte Amerikanen met migraine. Davis was er vaak, werd er bejubeld, had een gepassioneerde relatie met de beroemde chansonnière Juliette Gréco, maar ook hij wilde er niet blijven om niet verstoken te raken van dat speciale, het eigene dat hij alleen in New York hoorde, zag en van vitaal belang achtte. Ook hij kon niet zonder Amerika. 'En Juliette begreep het,' vertelde hij later.

Zijn collega Donald Byrd, de intellectueel, maakte uiteindelijk dezelfde analyse en keerde na vier jaar Parijs terug naar de VS. Ook hij wilde niet verstoken blijven van alles wat er, zeker op dat moment, broeide in zijn land. De jazzmusici die in de jaren zestig naar Parijs uitweken, vormden de laatste groep echte ballingen. Ze waren overigens niet alleen. Men schatte het aantal zwarte Amerikanen toen op zo'n vijftienhonderd in totaal.

Daarna werd het allemaal anders, in Parijs en in Amerika. Veel van die Amerikanen begonnen ernstig na te denken, toen ze zagen dat de Parijse straatvegers allemaal Afrikanen waren geworden, zwart dus, zoals William Gardner Smith schreef in zijn *Return to Black America*. De (Franstalige) zwarte bevolking in Parijs was oneindig veel groter dan in de jaren twintig. Stovall noemt het cijfer van een half miljoen. Parijs 'voelt' daardoor veel zwarter, stelt hij.

Feit is dat een rijkgeschakeerde zwarte, voornamelijk Afrikaanse diaspora van de Franse hoofdstad haar culturele centrum heeft gemaakt. Maar de zwarte Amerikanen, voorzover ze nog behoefte hebben aan een langduriger verblijf in Parijs, schieten daar niet zo veel mee op. Het contact met de zwarte Fransen is even lastig als dat met de blanken. Dat zal te maken hebben met het taalprobleem, maar Stovall signaleert nog een ander, fundamenteler verschil. De zwarte Amerikanen zijn vaak militant, terwijl bijvoorbeeld de Franse Antillianen zich in de eerste plaats Fransen voelen met alle rechten en plichten van dien. Met andere woorden, de strijd van de Amerikanen is de hunne niet.

Parijs is geen paradijs, weten ook de zwarte Amerikanen nu, maar volgens Stovall heeft de Lichtstad in zwart Amerika zijn goede reputatie behouden. Al zou het maar zijn omdat de toon op slag verandert, zo weet hij uit ervaring, als blijkt dat de voor controle aangehouden zwarte man een Amerikaans paspoort te voorschijn tovert. 'Dat kan zelfs gepaard gaan met excuses.'

In de gesprekken die hij voor z'n boek voerde, viel het Stovall op dat juist blanke Amerikanen wezen op het klimaat van racisme in de Franse hoofdstad, terwijl hun zwarte landgenoten Parijs nog altijd koesteren als oord van tolerantie en potentiële uitwijkplaats. Parijs wordt nog altijd ten voorbeeld gesteld als een relatief 'kleurenblinde' stad in relatie tot de 'raciale status quo' op het thuisfront.

In 1994 werd er in de Sorbonne een symposium gehouden over de zwarte Amerikanen in Parijs en hun invloed. Bij die gelegenheid werd op de gevel van de voormalige Parijse woning van Richard Wright, 14 rue Monsieur Le Prince, een herdenkingsplaat onthuld. Als hulde en herinnering aan hem en al die andere Amerikanen in Parijs.

No. 126: Lag voor het Sexodrome op nummer 21 van boulevard de Clichy. Steek de boulevard over.
No. 127: Bevindt zich vlak voor de apotheek (Pharmacie) op nummer 34.

Loop even door naar links en dan de eerste straat rechts inslaan, rue Germaine Pilon. Mooi gerenoveerd. Typisch Montmartre. Dan linksaf. Rue des Abesses. Doorlopen en met de bocht schuin naar rechts rue Lepic volgen.

In de bocht op nummer 54 het appartement van Theo van Gogh, die er z'n broer Vincent herbergde tussen 1886 en 1888. Ze woonden op de derde etage. Ze maakten kennis met Toulouse-Lautrec, aan wie Vincent een *Vue des toits de Paris peinte de la fenêtre de la rue Lepic* schonk. Een uitzicht over de daken van Parijs, geschilderd vanuit het raam in rue Lepic. In dit flatje schilderde Vincent van Gogh de meeste werken uit zijn Parijse periode. Van hieruit vertrok hij naar Arles, dat onder de sneeuw lag toen hij er op 21 februari 1888 per trein arriveerde.

Rechtstreeks via rue Tholozé naar de Moulin de la Galette kan ook. Even omdraaien en genieten van het fraaie doorkijkje.

No. 128: De bocht volgen om even stil te staan bij nummer 79, voor het raam van Phil & Jeff van Création Publicitaire ligt het plaatje.

Misschien verstandig om even rechtsaf rue Tholozé in te lopen. Dan omdraaien. Van daaruit is het uitzicht op de legendarische Moulin de la Galette het mooist. Dichterbij is moeilijk, zo niet onmogelijk, zoals zo blijken zal.

Moulin de la Galette

De molen behoorde ooit toe aan molenaar Debray die in 1814 moed en trouw toonde in de strijd tegen de kozakken die Parijs bezetten nadat Napoleon naar Elba was gestuurd. Debrays nazaten openden er in de tuin een dansgelegenheid waar ze koeken verkochten. Die koeken waren heerlijk. Vandaar die naam, de Koekmolen. Op het topje van Montmartre. De Koekmolen was zo pittoresk dat de buitenschilders die de impressionisten waren, er in groten getale hun ezel neerzetten. De Moulin de la Galette is geschilderd door Corot, Cézanne, Van Gogh (in 1886, hangt in Glasgow Art Gallery) en Toulouse-Lautrec. Jean Renoir heeft het meest voor de bekendheid van de danstuin gedaan met zijn beroemde doek *Le Bal du Moulin de la Galette* (in het Musée d'Orsay). Voor het schilderij kwam hij elke morgen naar de tuin, waar hij werd opgewacht door zijn modellen, meisjes van Montmartre en zijn eigen vrienden. Links op het doek is een lange slungel met bolhoed duidelijk zichtbaar. Het is de Cubaanse schilder Pedro Vidal de Solarès y Cardenas met wie hij goed bevriend was. Pedro Vidal maakt een onhandig dansje met *la petite Margot*, kleine Margot, Marguerite Legrand voor de burgerlijke stand, met wie Renoir een even tedere als tragische relatie heeft gehad.

Ze was een echte Parisienne, zo een van de straat, leuk om te zien, brutaal, balancerend op de rand van de zelfkant, omringd door slechte vrienden, wat Renoir hogelijk irriteerde. Na een paar jaar werd la petite Margot ernstig ziek. De nog straatarme Jean Renoir schreef dokter Gachet, mecenas en later de beschermer van Vincent van Gogh in Auver-sur-Oise, maar deze was gewond geraakt bij een treinongeluk en kon zich dus niet verplaatsen. Hij verwees naar een collega, die machteloos stond. Men neemt aan dat de kleine Margot aan pokken is overleden, eind februari 1879. Jean Renoir bleef ontredderd achter. Kijk maar naar het schilderij, zo

mooi als ze was, *sa petite Margot.*
Terug naar rue Lepic. Deze even doorlopen en bij rue Girardon linksaf, avenue Junot.

Mire du Nord

Op nummer 1 van avenue Junot is een bioscoopje, Cinéma du Moulin de la Galette geheten en daarnaast een hek plus huistelefoon met daarboven een koperen bordje Régisseur. Achter dat hek staat de beroemde Moulin de la Galette die iedereen, ook heel Japan, van dichtbij wil zien. Maar omdat de beroemde molen met particulier geld is gerestaureerd en op particulier terrein achter dat hek staat, kan de gewone passant hem niet bezichtigen.

Hoe nu? Ons interesseert de molen natuurlijk voor geen cent. Het is ons te doen om de *Mire du Nord*, het noordelijke richtpunt dat in 1736 werd opgericht en volgens de berekeningen wél precies op de meridiaan staat in tegenstelling tot haar zuidelijke collega. Nummer 129 ligt dan ook aan de voet van de *Mire*, die weer onder de Moulin staat.

Er schijnt een servituut te bestaan, een erfdienst dus, die wel geldt voor de openbare Mire, maar niet voor de particuliere Moulin. Dat houdt in dat je over het particuliere tuinpad naar de Mire mag om te kijken, terwijl je angstvallig de blik van de Moulin dient af te houden. Dus de enige manier om binnen te komen, is aanbellen bij de 'Régisseur' en beleefd naar de Mire du Nord vragen en vooral niet naar de Moulin de la Galette, want dan is het meteen 'nee'.

De vraag is overigens of het in de praktijk veel uitmaakt. De régisseur heeft me in een moment van grote openhartigheid verklaard dat hij al verschillende malen overwogen heeft zich te laten opnemen in een gekkenhuis, omdat de in hoog tempo langs gevoerde busladingen toeristen allemaal en het liefst individueel aanbellen voor de Moulin. Wat hem betreft is de Mire één pot nat.

Kortom, hij is zo vrij het servituut ruim te interpreteren. Met andere woorden, hij is niet thuis of hij doet niet open. De enige oplossing is een telefonische afspraak maken. Ik heb beloofd zijn nummer niet te zullen geven, hij zou het in dat geval trouwens meteen laten veranderen. We zijn als vrienden uit elkaar gegaan, ook al vond de man het idee van een wandelgids langs de Parijse meridiaan en dus door zijn tuin nutteloos en verwerpelijk.

Avenue Junot aflopen.
No. 129: Die moeten we dus maar geloven.

Aan de overkant het voormalige atelier van de schilder-graficus Eugéne Paul, beter bekend als Gen-Paul (1895-1975), een *figure* zoals de Fransen met bewondering zeggen. Hij werd geboren in een huis in de rue Lepic dat Vincent van Gogh in zijn Parijse tijd had geschilderd. Over voorbestemming gesproken. Gen-Paul was bevriend met Utrillo naast wie hij begraven ligt op het kerkhof Saint-Vincent-de-Montmartre. Bij zijn dood schreef de historicus Jean-Paul Crespelle dat met hem een van de laatste miskende schilders van het oude Montmartre was heengegaan. 'De laatste der heilige monsters,' aldus *Le Figaro*.

No. 130: Ligt ter hoogte van 3 avenue Junot bij de trap, 2 m naar het midden van de stoep.
No. 131: Vindt u ter hoogte van huisnummer 10 (bij garagedeur).

Kijk even bij nummer 13 waar de beroemde tekenaar Francisque Poulbot stierf in 1946 en vervolgens naar het bijzondere huis op nummer 15 dat ontworpen werd door de Oostenrijkse architect Adolf Loos (1870-1933) voor de dadaïstische schrijver Tristan Tzara. Adolf Loos was een van de eerste modernisten in de bouwkunst. Met zijn lezing 'Ornament en misdaad' in 1908 rekende hij af met het versierend bijwerk in de bouwkunst, dat alleen maar bedoeld zou zijn als instrument om aan de smaak van het publiek tegemoet te komen en het politiek dom te houden. De bouw (vanaf 1909) van zijn toen zeer omstreden huis aan het

Michaelerplatz in Wenen (in de volksmond al spoedig 'het huis zonder wenkbrauwen' genoemd vanwege de strakke lijnen zonder de in Oostenrijk zo geliefde barokke opsmuk) werd vanwege de volkswoede door de politie stilgelegd en keizer Franz Joseph beklaagde zich erover dat de 'schandvlek' hem het uitzicht benam op de tegenover gelegen rechtervleugel van het Hofburgpaleis. In hetzelfde jaar werd hij geportretteerd door Oskar Kokoschka. Loos verhuisde in 1922 naar Parijs en bouwde er in 1926 het huis voor Tristan Tzara. Binnen werd er zelfs een soort theaterruimte ingericht voor dadaïstische optredens. Twee jaar later (1928) ontwierp Adolf Loos een hoekhuis voor Josephine Baker (zie Paris Noir), maar dat werd nooit gebouwd. Na de dood van Tzara werd het huis in appartementen opgedeeld.
Links van nummer 23 is een looppad naar rue Lepic met halverwege een deurtje naar een *privé boulodrome*. Ook in de winter wordt er gespeeld. Bij kunstlicht. Beneden op straat is het ketsen van de ballen te horen. Is het signaleren waard vanwege het sterke, dorpse Montmartre-gevoel dat de passage oproept.

No. 132: Avenue Junot verder aflopen, rechtsaf, avenue Simone Dereure in. Bij huisnummer 15.

Doorlopen naar place Casadessus (van de bekende muzikantenfamilie), pleintje, parkje, trapje, allée des Brouillards, uitzicht op de Sacré-Coeur. Dan place Dalida met de buste van de zangeres die in Frankrijk het meest camp is van alle zangers of zangeressen met hits als *Gigi l'amoroso*, *Bambino* en *I lost my love in Portofino*. Ze woonde om de hoek en pleegde in 1987 zelfmoord. Op 54-jarige leeftijd want, zo meldt haar website, 'haar loopbaan als artieste mocht dan wel een succes zijn, ze vond zelf dat haar leven als vrouw was mislukt. Ze had geen man, geen kinderen, ze voelde zich oud en eenzaam.' In 1986 zong ze '*Moi, je veux mourir sur scène*', *Ik wil op de bühne sterven*.

Zo gebeurde het niet, ze stierf thuis met een dosis pillen voor de eeuwige slaap nadat ze op een briefje gekrabbeld had '*Vergeef me, het leven is mij ondraaglijk*'. Haar tragische dood heeft haar renommée alleen nog maar versterkt. Ze behoort nog steeds tot de populairste Franse zangeressen. In de loop der tijd verkocht ze 120 miljoen grammofoonplaten en cd's. Haar uitstraling is zodanig dat de (openlijk homoseksuele) burgemeester van Parijs haar tijdens zijn verkiezingscampagne even een bloemetje kwam brengen in gezelschap van inderhaast opgetrommelde fotografen.
Als ik oog in oog sta met haar buste, wijzen enkele passanten mij erop dat ik niet aan haar voorbij mag gaan zonder aanraking. Op straffe van ongeluk. Een knuffeling? vraag ik me hardop af. Beide borsten, antwoorden mijn zegslieden. Beide borsten dienen betast te worden. Het viel me tijdens deze exercitie op dat er in het brons een bh is gebeeldhouwd, wat de aanraking, hoe symbolisch ook, toch minder, hoe zal ik het zeggen, intiem maakt.
Linksaf rue Girardon, trap af, eerste links, terug op avenue Junot.

No. 133: Bij huisnummer 47.

De twee laatste medaillons lagen aan de Porte Montmartre, vlak voor de noordkant van de périphérique. Wandelend is de aardigste route die via rue Caulaincourt in oostelijke richting, linksaf de trap af van rue des Saules, rechtsaf rue Marcadet, linksaf rue du Mont-Cenis, tot place Jules Joffrin, links de schilderachtige winkelstraat rue du Poteau en dan steeds rechtdoor.

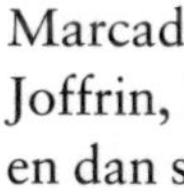

No. 134: Op de hoek van avenue de la Porte Montmartre en rue René Binet, bijna tegen de heg aan. Verdwenen.

No. 135: Hoekje om, avenue de la Porte Montmartre richting périphérique. Daar is een openbare bibliotheek. Het laatste plaatje lag twintig centimeter van de toegangsdeur, maar is ook daar niet meer te zien.

Onze tocht eindigt ongeveer zoals die begonnen is. In een Parijs dat vrijwel iedereen zorgvuldig mijdt, in een soort niemandsland onder het geraas van die verschrikkelijke ringweg. De ruimte die hier over is komt ongeveer overeen met de 250 meter brede militaire zone die voor de verdedigingswallen lag en waarvan in 1870 werd geconstateerd dat ze nutteloos waren omdat de moderne Pruisische kanonnen er moeiteloos overheen schoten. In die braakliggende ring rond Parijs mocht niets gebouwd worden, maar dat gebeurde natuurlijk toch. Clandestien en voor iedereen zichtbaar. Wankele barakken, provisorische huisjes, scheve schuurtjes. Een schemergebied. Vandaag de dag nog wordt er in het Frans over een rommelige plek of omgeving misprijzend opgemerkt: *C'est la zone ici.* Die zone is deels gebruikt voor de aanleg van de ringweg. De plannen daarvoor dateren van 1940, maar de périphérique werd pas in 1973 voltooid.
Het zou nauwelijks verbazing wekken als hier een bord zou staan met de tekst: Pas op, u verlaat de Parijse sector. Verderop ligt de vreemde, ongrijpbare wereld van de *banlieue*, de voorsteden, die voor de bewoners van deze kant van de périphérique een jungle zijn waar ze zich het liefst niet vertonen. Porte Montmartre: als je doorloopt, onder de ringweg door, kom je (alleen in het weekeinde en op maandag) uit bij de beroemde vlooienmarkt. Tegenwoordig behoorlijk chic. Ooit bedoeld als rommelmarkt, als plek waar je met het overbodige nog een paar centen kon verdienen. Waar gehandeld werd in de marge. Aan de zelfkant om zo te zeggen. In elk geval buiten de stad. *Dans la zone.*

Het laatste plaatje was als een symbool voor de deur van een bibliotheek geplaatst. Als uitnodiging om in de boeken te duiken, de geest te scherpen, te lezen wat er allemaal over deze stad geschreven is, over haar mysterie, haar meridiaan, haar kennis, over haar liefde en afkeer, schande en glorie, haar trots en haar pijn. Het zal u opvallen dat iedereen die van buiten komt het gevoel heeft háár te moeten veroveren. Dat gold voor Henri IV en in zekere zin ook voor François Arago, al had hij een streepje voor vanwege zijn bizarre meridiaanavontuur.

Al lezend zult u begrijpen waarom men hier trots is op de uitdrukking *Paris sera toujours Paris*, Parijs blijft voor altijd Parijs. Dat is een liefdesverklaring, een vrijbrief die de stad zichzelf geschonken heeft met het idee, de illusie misschien, dat Parijs niet te onderwerpen is, dat Parijs uiteindelijk zelf bepaalt hoe het verder moet. Parijs omarmt, Parijs onthooft, Parijs flirt graag met rebellen en anarchisten, maar houdt van orde en rust. Daarbij past zo'n monument van precisie en vrijheid. *Hommage à Arago*, dat is de officiële titel maar eigenlijk is het de *Meridiaan van Dibbets*. Met inbegrip van de blaren.

Geraadpleegde literatuur:

Ken Alder, *The measure of all things.* Scribners/Free Press.

Christine Ausseur, *Guide littéraire des monuments de Paris.* Editions Hermé, Paris.

Honoré de Balzac, *Les illusions perdues.* Gallimard, Paris.

Antony Beevor & Artemis Cooper, *Paris after the Liberation.* Hamish Hamilton, London.

Olivier Blanc, *La dernière lettre, prisons et condamnés de la Révolution.* Robert Laffont, Paris.

Geneviève Bresc, *Mémoires du Louvre.* Gallimard, Paris.

Duc de Castries, *La vieille dame du Quai Conti, une histoire de l'Académie française.* Librairie Académique Perrin, Paris.

Louis-Ferdinand Céline, *Dood op krediet.* Meulenhoff, Amsterdam. Vertaling Frans van Woerden.

Louis Couperus, *Korte Arabesken*, (*Volledige Werken*, deel 28), Veen uitgevers, Utrecht/Antwerpen.

Jean-Paul Crespelle, *Guide de la France impressionniste.* Hazan, Paris.

Jean-Paul Crespelle, *La vie quotidienne des impressionnistes.* Hachette, Paris.

Jean-Paul Crespelle, *La vie quotidienne à Montparnasse à la grande époque*, 1905-1930. Hachette, Paris.

J.C. Delorme, A.M. Dubois, *Passages couverts parisiens,* Parigramme.

Patrick Devaux, *La Comédie-Française,* Que sais-je? PUF, Paris.

Alexandre Dumas, *La reine Margot.* Editions du Rocher, Paris.

Maurice Dumas, *Arago, la jeunesse de la science, un savant, une époque*. Editions Berlin/Paris.

Edwige Feuillère, *Moi, La Clairon.* Albin Michel, Paris.

Philip Freriks, *Neem nou Parijs.* A.W. Bruna Uitgevers B.V., Utrecht.

Franz-Olivier Giesbert, *François Mitterrand ou la tentation de l'histoire.* Editions du Seuil, Paris.
Guide de Paris mystérieux. Pchou-Princesse, Paris.
Ernest Hemingway, *A Moveable Feast.* Charles Scribner's Sons, New York.
Willem Frederik Hermans, *Au Pair*, De Bezige Bij, Amsterdam
David P. Jordan, *Transforming Paris, The Life and Labors of Baron Haussmann.* Free Press, NY.
Jean Lacouture, *Mitterrand, une histoire de français,* Seuil, Paris.
Bernard Lecherbonnier, *Bourreaux de père et fils. Les Sanson* 1688-1847. Edition Albin Michel, Paris.
Bernard Marchand, *Paris, histoire d'une ville,* XIXE-XX*e Siècle.* Editions du Seuil, Paris.
Ruud Meijer, *Parijs verplicht.* Thomas Rap/Amsterdam.
Brian N. Morton, *Americans in Paris. An Anecdotal Street Guide.*The Olivia & Hill Press, Michigan.
Ovidius, *Metamorphosen.* Atheneum-Polak & Van Gennep, Amsterdam. Vertaling M. d'Hane-Scheltema.
Paris. Editions Hachette (Les Guides Bleus), Paris.
Vincent Pomarede, *La Joconde.* Prat, Paris.
H. Rees van Tets, Maurice Garçon, *Voyage d'une hollandaise en France,* 1819. Editions Jean-Jacques Pauvert.
Marie-Catherine Sahut, Régis Michel, *David, l'art et la politique.* Gallimard, Paris.
Yves de Saint-Agnès, *Guide du Paris révolutionnaire.* Editions Perrin, Paris.
B. Stéphane, *Dictionnaire des noms de rues.* Editions Mengès, Paris.
Tyler Stovall: *Paris Noir – African Americans in the City of Light,* Houghton Mifflin, NY.
Eliane Viennot, *Marguerite de Valois.* Payot, Paris.
Frédérique Villemur, *La Méridienne de Paris*, Paris musées/Actes Sud.

Sam Wagenaar, *Mata Hari*.
Julie Wheelwright, *The Fatal Lover, Mata Hari and the Myth of Women in Espionnage,* Collins & Brown, Londen.
Edmund White, *De flaneur*, Atlas, Amsterdam.

Colofon

De meridiaan van Parijs – Een fascinerende zoektocht door de Franse hoofdstad van Philip Freriks is een geheel herziene en geactualiseerde versie van *Het spoor van de monumentale meridiaan – Een Parijse wandeling over het monument van Jan Dibbets voor François Arago* die respectievelijk in 1995 en 1997 verschenen bij A.W. Bruna Uitgevers B.V. te Utrecht. Dit naar aanleiding van een serie voor Traject, het wekelijkse reiskatern van *de Volkskrant*.
Het boek werd in opdracht van uitgeverij Conserve gezet in de Sabon, corps 10/13 en 9/10 punts en gedrukt door drukkerij Groenevelt te Landgraaf en gebrocheerd door binderij Erven Kramer te Nieuw-Vennep.
Foto's omslag: Wim Ruigrok.
Foto Philip Freriks achterplat: René Koster.
Ontwerp omslag: Edd, Amsterdam.

3e druk mei 2003

UITGEVERIJ CONSERVE
Postbus 74, 1870 AB Schoorl
E-mail: info@conserve.nl
Website: www.conserve.nl

Lees ook van Philip Freriks

Ik herinner me...

Ik herinner me... is een opeenvolging van herinneringen. Herinneringen van iedereen. Herinneringen als codewoorden van vergeten bestanden waarin vervlogen momenten, beelden, geuren, geluiden, vreugde en verdriet opgeslagen zijn.
Ik herinner me... zijn ook drie simpele woorden aan het begin van elke zin. Obsederend zoals herinneringen kunnen zijn. Als dichtvorm voor het ongerijmde van ons gezamenlijk geheugen. Een bezweringsformule die de herinnering van een generatie tastbaar maakt.
Ik herinner me... is een feest der herkenning. Zo verging het Philip Freriks toen hij in Parijs een toneelbewerking zag van *Je me souvions*, de herinneringen van de schrijver Georges Pérec, met zijn mengeling van zelfspot en tedere nostalgie.
Freriks schreef zijn eigen tekst voor een voorstelling die eenmalig had zullen zijn maar wegens groot succes werd geprolongeerd.
In dit boek zijn eigen kroniek van de tijd die verglijdt. Zoals hij die op het toneel ten gehore brengt maar ook de herinneringen die allengs tussen de coulissen zijn verdampt...

ISBN 90 5429 165 6 100 pagina's € 13